心をととのえる 水周りのインテリア

キッチン・洗面・バスルーム

KITCHEN AND BATHROOM FOR MINDFULNESS

加藤登紀子

光文社

Prologue

誰もが365日、ふれる場所

キッチン、洗面、バスルーム。
手を洗い、食事をつくり、入浴をする……
水周りは暮らしの根っこ、身体と心を支える大切な場所です。

思いがけない転換点を迎えて以来、
家で過ごす時間、そしてキッチンに立つ時間はふえました。
使っては片づけて、また片づけて……
その繰り返しを少しラクにする工夫で
日々の楽しさや豊かさへとかえていく。

水周りの空間を作業のための場所にとどまらせずに、
喜びのある心地よい居場所にすることは、
たしかな「暮らしの底上げ」に繋がりそうです。

今日、そして明日への元気を育むためにも、水周りから変えてみる。
心地よい水周りを手にした方の日常、
憧れの水周りや風呂文化のDNAに出会う旅。
小さなヒントから、いつかは叶えたいリフォームまで。

みなさまの暮らしの底上げの一助になることを願ってお届けします。

心をととのえる
水周りのインテリア
キッチン・洗面・バスルーム

Contents

chapter 1

健やかな水周りは
私たちを強くしてくれる

「仕事」と「家事」が とけあう日常

ある女流作家のエッセイに、夕食のために火にかけた鍋を気づかいながら原稿を書いて、夫の帰りを待つ、という行《くだり》がありました。家事と仕事の間に線を引かずに、双方がふんわりととけあっている……会社勤めをしていた20代の私は、そんな日常に心惹かれました。生活の場を手放さずに好きな仕事を続けたい、とフリーランスの立場を選んだのも、この風景がどこか心の拠り所になってのことです。

時代は進み、また思いがけない事態で、今は多くの人が家でも仕事をすることになりました。食事を作り、片付け、仕事をする。この繰り返しで、台所と社会的な仕事の距離がぐっと近づきました。時間の流れも加速して、ひとつの時間軸では追いつかないと、家事と仕事の“ながら”のために、キッチン周辺に小さなワークスペースを設けるなど、間取りにも変化が現れています。そして女性の領域とされていた台所は、男女ともに参加するキッチンへと変化して、仕事と日常がとけあうキッチンは多くの人の重要事項になりつつあります。

我が家には私の小さな書斎がありますが、それでも朝一番のキッチン、そして1日の終わりに照明を絞ったキッチンへスツールをひょいと持ち込んで、ケトルの湯気を眺めながら仕事のアイデアなどを反芻する時間がとても好きです。毎日家事をこなすキッチンには場としての重量がある、心を落ち着かせるポテンシャルがあるのだと思います。

疲れを完全リセットできるバス＆パウダールームを持ちたい

今や「手を洗う」というありふれた習慣は日々の小さな祈りになりました。バス＆パウダールームは緊張を強いられる心と身体に安心をくれる大切な場所です。

情報が溢れる今、楽しさを受けとる一方で、振り回されれば疲弊して、瞬く間に心の芯を見失ってしまう。

自分は何を大切にしているのか、今の自分はどんなコンディションなのか……鏡を前に、また湯船で、無防備な自分に問いかける時間をもっていたい。大げさかもしれませんが、バスルームやパウダールームは、そうした心も洗う場所なのだと思います。それだけに健康的な明るさとともに、陰影礼賛ではありませんが、優しいほの暗さも選べるようして、快眠への入り口にもしたいものです。

ある方から「家で唯一ひとりになれるのが洗面所です。歯を磨く間などに、ぼんやり眺めるアートはどんなものがよいでしょう」と相談を受けたことがあります。我が家はマガジンサイズの真っ白なアートを壁に掛けています、とお答えしましたが、水の空間には、アートも気持ちの上がるものというより、もう少し内省的になれるものがほしいのかもしれません。色やモノも引き算をして、静けさのある空間にすれば、洗面所は自分と向き合うパウダールームという部屋へ昇格するように思えます。

diptyque
FIGUIER
scalp

水周りは
家族の記憶も
紡ぐ場所

キッチンには場としての重量がある、と書きました。香り、音、手ざわり……キッチンには料理の過程での、五感によるさまざまな記憶が蓄積されています。そして料理をすることは自分を賄うだけではなく、家族や誰かの健やかさを願ってのこと。そんな温かい思いもギュッとつまった特別な場所だと思うからです。

今は空の上にいる祖母が、悩んでいる日も悲しい日も、まずはご飯を炊きなさいと、言ってくれたことがありました。炊き立てのご飯のまっとうな香りは、記憶の中の祖母の穏やかな笑顔とともに、いつも私を励ましてくれます。キッチンには、そうした大切な思い出が多く在るのではないでしょうか。あるお宅では、キッチンの棚にお義父さまが愛用していた銅鍋が並び、ご家族を見守り雄弁に励ましているようでした。

そして自分のためにキッチンに立ってくれる家族の姿は、いつもいつも大きなエールです。

手と心をむけた水周りでの時間は、守られている、愛されているという記憶として蓄えられ、確かな力になる。水周りを育て、ととのえることは大切な人の力になれる近道のひとつなのではないでしょうか。

Asa Hiramatsu

油彩画を主として
展覧会での作品発表を軸に活動する。
挿画や文筆も手掛け、
柴田元幸新訳「ガリバー旅行記」
（朝日新聞夕刊連載小説
2020.06〜2021.12）の挿絵を担当。
https://www.asahiramatsu.com

時には本を読んだり、頭をほぐすために
キッチンにパソコンを持ち込んで
仕事をすることも。

キッチンは過去と未来を見つめる場所

平松 麻さん　画家

キッチンの
「あたりまえ」から自由に

「キッチンはひとつの部屋」と麻さん。
吊り戸棚や壁面タイルなど、
既定路線にしばられる必要はない、と。
壁は風情のある大谷石。
掃除しやすいタイルを貼らないかわりに
油はねなどで汚さないように
行動に気を付けているそうです。
ステンレスのキッチンはLAアーキテクツ。
毎晩シンクまで磨きととのえるのも
ここでの習慣です。

対面にはオープン棚。
母から受け継いだ品も多い。
「子供の頃、母は料理ができると
私に器を選ばせてくれました。
うーんそれは少し色が違うな、
などと楽しみながら
鍛えられました」。脇の壁には
北中幸司さんの銅版画。

選抜メンバーの器たち。
日々使っては洗う、を
繰り返しているため
ほこりっぽくなる心配は
まったくありません。
リビングとはまた違った
付き合い方のできるアートを
飾っています。

無垢で大きな時空を感じさせる麻さんの作品。この絵を描く人を支えるのは、どんなキッチンなのだろう。インテリアはもちろん、その場所でどんな時間を過ごすのだろう……お宅を訪ねることが叶い、「キッチンは麻さんにとってどんな場所ですか」と、あえて抽象的な問いかけを。すると、「『今』から少し離れる空間です」という答えがかえってきました。

「私にとっては『今』が一番で、絶えることなくやってくる今の連続を、気の済むように過ごすことを気持ちがよいと思っています。生活も制作もそのようにして日々景色を見ていますが、どうやらキッチンはそれだけではない。私の絵や感性の礎は食、もっと言うと『味』です。キッチンは自分で味をつくる『今』に集中する場所でありながら、実家にはあんな味があった、私もつくりたい、と感性の復習をしたり、譲り受けた器を眺め、幼少からの母との付き合いはこれからどう変化していくのだろうと未来に思いを巡らせたり。

『今』から少し離れ、過去と未来のことを見る場所でもあるのです」

長く過ごす場所だからこそ
アート、工芸を傍らに

・海外の旅先で買ってきた塩4種、
砂糖2種はぽってりとした風情の小壺に。
出雲の出西窯のもので、
恐らくシュガーポットとしてつくられたもの。
・時間とともに味わいをます銅のケトル。
阿佐ヶ谷「ブネイコーヒー」で。
新潟県燕市にある「富貴堂」と
一緒に制作されたもので直火にかけられるよう
持ち手の形状を変更してもらった
オーダーメイド品。
・ミニマムでたおやかなフォルムの水栓。
・カウンター下の端には30㎝ほどのブランクを。
古い家具の端材を捨てずに再利用して、
夫の平綿さんが作ったワゴン。
日頃使う2種類の折敷を収納しています。

料理上手で撮影の日も滋味あふれる
美味しいランチを用意してくれた麻さん。
よく働くキッチンの一角に目も心も潤う場所を。
2つの木彫は自作。
「絵は、細川亜衣さんとお嬢さんとパリを旅していて、
亜衣さんが夕食をつくってくださるあいだ
道端で描いていました」。下に書いているのは
イタリア語の亜衣さんの献立。
旅の記憶を台所に置くのは好き。

(左)ドアの取手、トイレットロールのホルダーは真鍮。使うほどに色が深くなり、光沢が程よく霞む味のある素材。
(下)ウォールライトと、相賀美規氏のアートで、限られた空間のトイレをドラマティックに。

色を抑え、余白を残した 癒しの水回り

引き算ですっきりととのえた洗面スペース。カウンターの端には画集などの本が。飾りではなく、入浴中に読まれるそうです。ブックエンドは石の端材をくっつけてつくった自作。

夫でインテリアデザイナー平綿久晃さん
により全面リフォームした住まい。
季節や住み手の心もちで景色の変わる、
新陳代謝をしていく住まいが信条。
アートや光で表情を変える、
豊潤な余白のあるギャラリースペース。

(左)躯体のコンクリートの断面にも
美しさがあると、改装の際に
一部その表情を残しました。
奥にかすかに見えるのが、麻さんが
雲を描いた作品。(中)家族で、
また仲間と楽しい時間を過ごした
記憶を集積したようなコルクの山。
(右)食事の時を待つ
ダイニングテーブル。背後の額の
緑は額に固定されている裏板で、
作品ではないけれど
色がきれいで飾っている。
「アンティークス タミゼ」で。

chapter 2

昼と夜。
2つの顔を持つ水周りで
心地よい日々が流れる

朝一番のまっさらなキッチン、
食事の支度でフル稼働するキッチン、
そして夜更けのしんと静まったキッチン。
キッチンやパウダールームも、
一日のリズムや心もちに合わせるように、
表情をかえていければ……
そうした思いを叶えた二つのご家族の日常を
見せていただきました。

藤 田 邸

昼と夜・ひとりとみんな
表情を変える水周り

子供たちが起きてくる前の
ひとときは、貴重な自分時間。
まっさらな光の中、
手作りの酵素ジュースを飲み、
心身をととのえます。
恭未さんは最近
食と健康への思いが深まり、
ライフワークの第一歩として、
リビングフードインストラクターの
資格を取得。

AM 6:00

まっさらな時間に
自分だけのひとときを過ごす

夫婦が気持ちよく家事を分担する、時には一人で、または一緒に。これは暮らしを快適にする鍵ですが、その後押しをするのが他ならぬキッチンです。「この家に越してから、夫は変わりました。料理や後片づけにも積極的になり、今は家での時間を心から楽しんでいるようです」と恭未さん。

キッチンは女性の領域、というのは一昔前の話。料理って面白い、家族が喜ぶ顔が嬉しい、という気持ちを後押しする藤田家のキッチンは、使いやすさだけではなく１日を通じての居心地のよさも存分に考えられたものです。

自然光がたっぷり入る日中は、明るくフレッシュな気持ちでいられるホワイトのインテリアが心地よく、日が落ちると、キッチンカウンター上の照明が温かさを添え、グッと寛いだ印象に。一人時間、家族の時間、そして大人二人の時間と、生活シーンに寄り添った雰囲気づくり。作業の場としてだけでない、心を繋ぐ場所としての役割を大きく担っています。

Family Profile

よりよい環境で子供たち(8歳, 5歳、3歳)との時間を過ごしたいと、
都内から葉山の高台へ。取材時には夫の直哉さんはリモート、
妻の恭未さんは横浜エリアへ通勤というワークスタイル。

AM 11:00

リモートワークの定位置は光あふれるキッチンサイド

妻と子供たちが出かけている日中、
直哉さんはキッチン前のダイニングで
一人集中して過ごします。
早期からリモートワーク、
ペーパーレスも進んでいて、周りが
とりちらかることもなく、
これは「仮の場所」ではなく日常。
チェアは長時間の作業でも疲れない
「フレデリシアJ-39」。
キッチンとLDは、気持ちのいい
マットな足ざわりのタイル仕上げ
（床暖房完備）。
コンロ前は光を含んだようなタイルで
アクセントを。
壁面には山口一郎さんのアート。
いつも生花を絶やさない快適な空間で、
仕事も効率よく進みます。

PM 4:00

子供の帰宅前のコーヒーブレイク

仕事が一段落して、
家族の時間へ切り替わる前の
コーヒーブレイク。そのコーナー
には玄関に面した壁に
デザインを依頼した
FILEのアドバイスでつくった
小さな窓が。
子供たちの帰宅がすぐに分かり、
遊び心のある家族の
コミュニケーションも。
愛用のIoTコーヒーメーカーは
「Goat Story」のGINA。
専用アプリで世界の
有名バリスタの味も再現できます。

PM 7:00

二人で夕食の支度を
楽しめるのは
このキッチンのおかげ

(上)恭未さんが帰宅して、ご夫婦で夕食の支度を。
キッチンカウンターの奥行は105cmで、
家族全員分の調理や盛り付けにストレスのないサイズ。
雰囲気をつくるペンダト照明があれば、
台所仕事の気分も上がります。
(左)賑やかな夕食。ダイニングテーブルは
デンマークPPモブラー「PP850オンボード」。
エクステンションでの最大幅は3.6m。

発芽玄米ご飯を
すぐ炊けるCUCKOO

お米を炊くのは炊飯器か、
土鍋か、また最近では
スチームオーブンか。
藤田家は「CUCKOO」の炊飯器。
数日かかっていた発芽玄米を
6時間で発芽させ
50分で炊き上げる。
発酵発芽米は保温でも数日は
美味しいため、
毎日準備をしなくても
よい点も助かる。

PM 11:30

深い海を思わせる洗面所で
1日の疲れをリセット

PM 11:00

照明を少しだけ意識したら「大人の時間」が生まれた

部屋全体を照らすダウンライトを落とし、
テーブル上とカウンター上のペンダントライト
だけにすれば、また違う大人の空間。
この時間を大切にするためにも、食事後は
キッチンをクリーンアップ。シンクをきちんと
磨く習慣も、今は癒しのひとつ。

(左頁)1日を終えるための場所でもある洗面。
白の洗面化粧台とブルーの壁が
爽やかな空間も、夜には灯りの効果で
しっとりとした雰囲気に。
(左)マガジンサイズのアートと
ウォールライトで雰囲気が生まれる。
(右)「子供が小さくてもきれいに暮らすのを
諦めたくない」(恭末さん)。
タオルは「L.L.Bean」で。

菊池邸

家族みんなが忙しくても
楽しく過ごせる考え抜かれた水周り

AM 6:30

身支度と家事の同時進行で
朝の時間をフル活用

Family Profile

ご夫婦と双子のお嬢さん（小学生）の4人家族。
妻の真由子さんは上場企業の管理職として働く。
夫妻ともにリモートワークも多い今、リフォームしたこの家に
助けられることが多いことを実感。

バスルームに連なる約4畳の
洗面所。洗濯機、乾燥機、
引き出し式のアイロン台と
ランドリー機能もここに集約。
身支度の合間に家事もこなし
スタートダッシュが軽やかなのは、
この場所のおかげ。
（左）洗濯機、乾燥機はビルトインにし、
上部を作業用カウンターに。
タオルや家族のアンダーウエアを
収める収納もたっぷりと、
無駄のない家事動線。

「身支度は女性の仕事の
ひとつだと思うので、
妻が身支度をする間に、
僕が家族の朝食を
つくっています」と
保人さん。

AM 6:30

料理が億劫でなくなる
広さと小回りが両立したキッチン

L型のオープンキッチンと、
1.2×1.8mのマルチアイランド。
朝食や軽食をとるだけでなく、
日常のさまざまな用事を
ここで片づけることができるように
という真由子さんのアイデアです。
仕事や買い物から戻った時も、
まずここへ。
背面の壁一面の収納には、
真由子さんのバッグや仕事道具を
収めるスペースもあるため、
この場ですっきりと
切り替えが叶います。

家族の生活動線をよく理解してプランニングされた水周りは、忙しさを軽くし、余裕というギフトをくれる。菊池家の１日をルポして、つよく感じたことです。キッチンで目を引くのは大きなカウンター。近くにダイニングがあるのになぜ、と思われるかもしれませんが、こちらは生活シーンに応じて用途がかわり、台所仕事と同時に“ながら”仕事ができるマルチタスクテーブル。「家事と仕事を分けて考えていたら24時間では追いつかない。時間を複合的につかうことで１日がスムーズにまわるのでは」と真由子さんが考えたアイデアです。このキッチンの使いやすさは、家族だけではなく友人にも大好評。家飲みをするのなら、皆でキッチンに立ちやすく、居心地のよい菊池家へと暗黙の了解があるそうです。忙しくても、機嫌よく軽やかに働き、学び、人生をフルに楽しむ。水周りはそのための大きなエンジンになっています。

キッチンの一角のワークコーナー。
デスク脇のフラップドア内にプリンターや紙類。
引き出しには文具やモバイルグッズを整然と収納。
ハイスツールは、仕事と家事の切り替えに
かえって好都合だそう。

PM 4:00

ワークコーナーとマルチカウンターのおかげでここは家族の止まり木にも

お嬢さんたちは帰宅すると
まずここへ。その日にあったことを
真由子さんに話したり、
夕食の支度中でも、
すぐに応えてもらえるので、
宿題をするにもお気に入りの場所。
背面の収納には
学校関係の資料も。

PM 6:00

多忙でも人を呼べる家「わかりやすい収納」と「家電」を味方に

主婦が一人で何もかも背負わなくてよい
工夫が随所にあるキッチン。
数人の友人にもラクに手伝ってもらえる
ゆとりの動線です。

(左下)カトラリー、器、調理道具をきっちり
定位置に収納。友人たちもそのアドレスを承知していて、
先回りして手伝ってくれます。
カトラリーを仕分けしているのは
「インターデザイン」のドロワーオーガナイザー。
(中央)手間いらずなのに歓声が上がる
スチームオーブン料理(詳しくはP.129)

スチームオーブンで低温調理した
ローストポークを土鍋にうつして焦げ目を。
新旧の道具のよいところを活かして。

PM 8:00

招く側も招かれる側も 心からゆっくりできる 照明の妙も理由のひとつ

食事以外にも仕事など
さまざまな用事が交錯しがちな
ダイニングテーブルですが、
キッチンにマルチカウンターが
あることで、ここは食事を楽しむ
場としての空気を保てます。
テーブルはキッチン奥の収納と同じ
ウォールナット。

花の手入れをし、
きれいな水に替えるのが、
一日を終える習慣。
光の彫刻のような名作照明の
ドラマチックな灯りのもと、
一人の時間に浸ります。

AM 0:00

しんと静まった水周りで
眠る前の心を静める
小さな儀式を

夜ゆったり過ごすために、
バス&パウダールーム
には、昼間とは違う
寛いだ表情がほしい。
(左上)ダウンライトとは
別に、コーナーの小さな
ペンダントライトで
心をほぐす間接光を。
ミラー裏の2つの収納は
ご夫婦それぞれのものを。
(左)香りのよい
バスグッズも。

chapter 3

マンションのシンプルな水周りに自分だけの手ざわりを

マンションの水周りというと
良くも悪くも一定の規格にはめ込まれて
なんとなくその枠に従ってしまう……
そんなところがありませんか。
リフォームやDIYを通して、
一番の居場所であるキッチンや洗面・
バスルームに、自分だけの思いと
手ざわりを加えている方々がいます。

シンプルな造作を味方につけて お気に入りの道具と暮らす

植松良枝さん　料理研究家

キッチンの道具は使ってみないと、自分にとって価値あるものかどうかはわからない。
10年間のトライアル&エラーを経て、顔ぶれも居場所も落ち着いた道具たち。
(左)既存の吊戸の下に、奥行きの浅い棚を2段プラス。
圧迫感もなく使い勝手は抜群。(中)タイル職人のお父様に頼んで、壁紙仕上げだった壁に
タイルを直貼り。目地の部分にフックを打ち込み、使い込んだ銅鍋や鍋敷き、
さらにスピーカーもハンギング。(右)シンク上の吊戸の1ブロックは扉をはずしてオープンに。
湿気もこもらず、鍋など取っ手のあるものも入れやすい。この下にも杉板の棚をプラス。

　オリジナルな味わいが心地よい植松さんのキッチン。人気の料理教室を開くのもこのご自宅です。大がかりなリフォームなしに、この雰囲気を醸しているのは、銅鍋やお櫃、木篦などの調理道具です。

「料理を生業にしていることもあり、興味をもった道具は、まず一度は生活におとしこんでみます。それはもういろいろ買って（笑）、使って、生活にそぐわないものは手放して……10年間それを繰り返すことで、ようやく自分にとって心地よいと思えるものが揃ってきました」。

　今の顔ぶれは、ただ見た目がよいものではなく、植松さんが暮らしをともにする相棒ばかり。それゆえにインテリアとしての力強さも備えているのでしょう。また収め方も植松流です。たとえばキッチン奥の壁に、目地を埋めずにタイルを貼り、へこんだ目地にフックをつけて鍋を吊る。また、吊戸の一部は扉をはずしてオープンにし、その下に簡単な造作で浅い棚をプラスする。ただその棚材は小口に木の皮の残った風情あるものを材木店へ出向いて選ぶなど、料理と同じように素材への目配りも行き届いています。

Yoshie Uematsu

季節に寄り添った食と暮らしを提案する人気料理家。
菜園での野菜づくりも行い、また旧暦に沿った身体と心に効く
料理にも定評がある。都内に夫と3歳の息子と暮らす。
Instagram:@uematsuyoshie

手の届く工夫で、動きやすくととのえた
キッチン。料理撮影の際、
アシスタントと美味しい料理を
手際よく次々と仕上げていく様は見事。
日々の掃除も行き届くちょうどいいサイズ。

圧巻の食器棚や自然の息吹を感じるテラス
どちらを向いても好きなものがそこに

ダイニングの壁いっぱいに
カスタマイズした食器棚

奥行き36㎝の食器棚には時間をかけて集めた作家物の器などがぎっしり。センターは背面にキッチンと揃いのタイルを貼った飾り棚に。

自然なグリーン配置のサンルームは癒しの場

マンション1階の植松邸。
テラスの壁に沿ってボックスを設け中高木を。
季節ごとの光、風の音、雨の音、
鳥の声に触れるこの場所は季節によっては
第二のダイニングに。
料理に使うハーブ類の栽培も。

(左)飾り棚には季節の果実や草花を。
(中)キッチンからダイニング、そしてテラスへと抜ける動線。
左のボウル類を収めたエレクターを置いた場所は、
実は冷蔵庫置き場。「冷蔵庫はどこへ?」とうかがうと、
隣室のストックルームにあるとのこと。
「その時使う食材をトレイで運んでいます」。
一般的ではないけれど、その方がむしろ動きやすいそう。
(右)廊下の壁にはキッチンと同じ手法でタイルを貼り掃除道具を。

水周りを「今の自分」に合わせることで家事まで上手になった気分に

K邸

調理以外の小仕事は立ったままここで片付ける

学校の書類のチェックなど、立ったままササっと片付けたい小仕事は意外と多い。光と緑に溢れる心地よい居場所、キッチンは調理だけの場所ではない。

二人目のお子さんが誕生して、家事のボリュームも持ち物も膨らんで、幸せな一方で追われるような毎日に頭と心の整理がつかず、自分には家事のスキルが足りないのでは、と自信を失いつつあったKさん。ですが状況は水周りのリフォームで好転しました。「当初の依頼は子供部屋を作ることでしたが、「FILE」のプランナーの方は『生活をラクにするにはキッチンと洗面をととのえるのが先決』と」。食事の支度や後片づけで1日の大半を過ごすキッチンは、思い切ってキッチンの中にダイニングがあるような「ダイニングイン」の配置に。また、部屋に溢れていたものは3日間5人がかりで断捨離をし、必要なものを定位置へ収めて、カフェのような居心地のよい場所へ。今は友人を招くのもこの場所です。また洗面所を衣類の収納スペースへ連なる動線にしたことで、洗濯→収納の作業がスムーズに。家事は驚くほどラクになり、「私は案外ちゃんとしている（笑）」と自分を認め、穏やかに家族との日常を楽しまれています。

夫と子供二人の4人家族。KさんはWEBデザイナー、現在は子育て中心の日々。結婚10年目、子供が7歳、3歳の時に行ったリフォームで、夫への感謝の気持ちがふえ、夫婦間もより良好に。

友人も招ける、ダイニングインの
カフェ風キッチンを実現

収納を充分にとり、設備機器のデザインにも
こだわったので、どこを見ても幸せな気持ちになる。
昼は自然光があふれ、夜は照明の効果で
別の心地よさが。
レンジフードは勾配天井にもきれい収まりました。

衣類の洗濯乾燥、収納、そして身支度と動線をつなげることでストレスレスに

片づけやすい収納と片づけやすい動線

衣類の洗濯乾燥後に、すぐに定位置へ
収納することができる快適な動線。
アンダーウエア類は乾燥した後に、
奥の棚のボックスを持ってきて、
ササっと収納して再び棚へ。
洗面化粧台は
色や素材にもこだわったもので、
Kさんのドレッサーがわり。
水周りはどうせ汚れてしまうし……と、
以前は多少掃除が行き届かなくても
見過ごしていましたが、一度美しい状態を
つくれば、それをキープするための
掃除さえも楽しそうです。

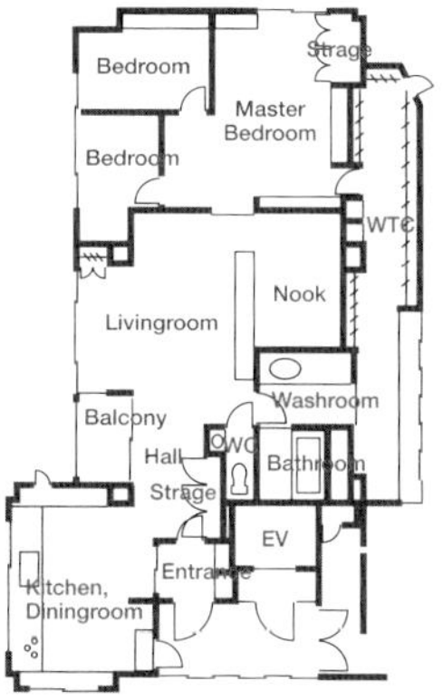

約10mの明るいクローゼット
家族の衣類はまとめてここに

東側の窓辺には
長さ約10mのウォークスルークローゼット。
意表をついたレイアウトですが、
洗濯機のある洗面所から
家族の寝室へと抜ける、理にかなった
動線になっています。
子供の成長に合わせハンガーパイプの
位置をかえることができるようにするなど、
作り込みすぎないのも秀逸です。

抜けのある、明るい場所で
アイロンがけや
片づけができるのはよい気分。
家事の場所こそ快適に、は
家時間が長くなった今の時代の
ひとつのキーワード。

書斎やカフェテーブルもあるキッチンで
一人暮らしを豊かに楽しむ

H邸

食卓とは別のミニ書斎が大正解

片づけやすく、気分転換ができるので大正解。
光の入り方に合わせて、ミニ書斎、
コーヒーテーブルと腰掛ける場所をかえる
楽しみもあるそうです。

II型のゆったりとした
キッチン。食がおろそかに
ならないようにサポートして
くれるキッチンは、
一人暮らしの
大きな力にもなる。

安心のストックと
ちらからない暮らし
一人だからこその大型パントリー

キッチン横にはパントリールームと
ランドリールーム。
一人暮らしだからこそ、不測の
事態にも備え適量のストックは必要。
モノを一目で把握できるよう
棚は浅めに。

娘さんのキッチンと
同じつくりにしたので
互いをラクに
サポートできる

同じマンションに暮らす
娘さん一家と同時に
キッチンリフォームを。母娘でも
家事の流儀は異なるものですが
キッチンの大方のつくりを
同じにしたため、ものの出し入れ、
家事動線など理解しやすく互いを
サポートしやすくなり
二人の関係性もよくなったそう。

キッチンのそばにこそ、居心地のよさがある。
お子さんが独立して一人暮らしになったHさん。これからをラクに豊かに過ごす答えは、居場所の多いキッチンでした。愛着のある鉄瓶でお湯を沸かしたり、畑をはじめた友人からの旬の野菜や果物の荷をほどき簡単に料理をしたり。また傍らの小さな書斎やカフェテーブルで、本を読んだり、書き物をしたり……家族のためにキッチンに立った時とは違う、楽しみの種を日々ゆっくりと見つけていく。そんな日常が今の自分にはとてもしっくりくるといいます。また洗面もバスとトイレをキュッとまとめたホテルライクな3in1。広さもとれることで、空間としての心地よさと片づけやすさも生まれ、暮らしの快適なリズムが叶うようです。

還暦を迎えて、犬2匹を相棒に一人暮らしをアクティブに
楽しんでいる。リフォームで家を若返らせたことで、娘さんや
お孫さんとの行き来もふえたそうです。

マンションでも叶う
3 in 1のホテルライクで
ストレスフリーのバスルーム

細部までグレー×白でまとめて。
一続きの床は清潔に保ちやすいタイル。
床暖房も完備です。
クラシカルな味わいのあるホーローの
洗面ボウルと衛生陶器は
アメリカ「KOHLER」。配管のとりまわしで、
トイレの床が上がっています。

洗い場をなくしたバススペース。
深さ48cmのバスタブで
ゆったり湯につかってリラックスも。
洗い場の掃除という
手間がなくなったのも大きな利点。

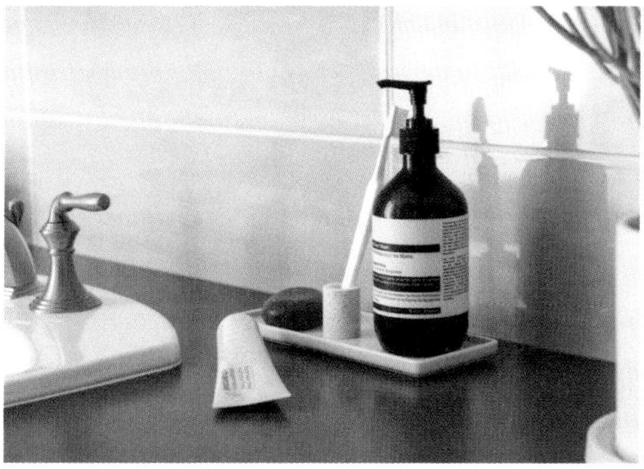

ひとつの部屋として
タオルリングなどの
小物類もこだわって。
小振りな時計(φ21cm)は
アルネ・ヤコブセン
「Roman」。

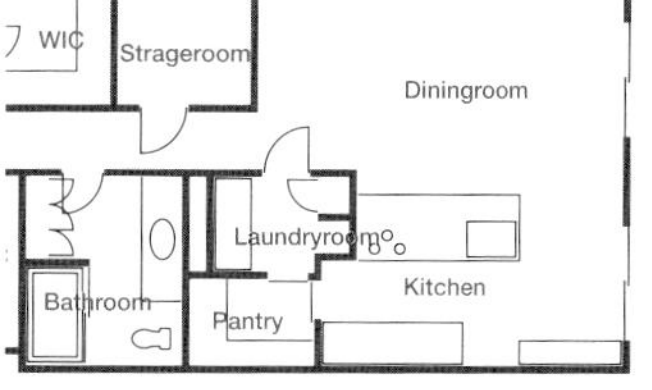

メンテナンスが楽な素材を選びました

(左)床の吸引掃除と拭き掃除を
同時にできるドイツ「コーボルト」。
アレルゲン物質を99.99%除去できるという
信頼のクリーナーです。(右)カウンタートップは
水や汚れを吸収しづらい新素材デクトン。
(詳しくはP.118)

暮らしながら2週間の工事で理想のオーダーキッチンを実現

石川純子邸

キッチンリフォームは夢だけど、一体何日かかるのか、工事中は部屋を借りなくてはならないのでは……という不安もあります。こだわりのオーダーキッチンを叶えた石川さん。「工期は2週間でしたが、暮らしながらの工事でしたので負担は少なかった。ストレスのないキッチンを使い始めると、慣れで我慢していた部分があったのだなと気づきました」

Junko Ishikawa

夫と9歳7歳のお子さんの
4人家族。京都在住。
外資系の航空会社の
現役CAで、通常は月に2回、
日本とヨーロッパを往復。
好奇心旺盛で
ソムリエの資格ももつ。

キッチン用品以外の
収納場所がほしかった

玄関から母のいるキッチンへ
直行する子供たち。
学校関係の書類などを確認して
サッとしまえるスペースがあれば、
調理の合間にも
用事をすませることができる。

タッチレス水栓で掃除の手間も軽減

動きがスムーズなだけでなく、
濡れた手でハンドル部分に触れないため、
水滴の掃除の手間も省けます。
オシャレな「KOHLER」のセンセート。

新素材のシンクとカウンター
汚れをはじく無孔タイプ

シンクは「KOHLER」の
新素材ネオロック。強力エポキシ樹脂と
微細なクォーツ粒子によるもので、
キズ、汚れ、退色に強い。
耐熱性と耐衝撃性にも優れています。
カウンターはシーザーストーン。

家電類は使いやすい場所に
きれいに収めました

冷蔵庫や電子レンジが凸凹なく
きれいに収まると、見た目もよく、
掃除もしやすい。
黒いマットな面材の冷蔵庫は
「ASKO」。

ワクワクするような
小さな見せ場を

やはり目に楽しい場所もつくりたい。
夜はこの間接光だけにすると、
昼とは別のしっとりとした雰囲気に。

ちょっとしたレイアウトの変更で
動線と視線がととのいました

コの字型のレイアウトが可能だったのでコンロは
短辺に設置。リビングの様子を見ながら、
キッチン仕事ができます。壁面にはマットなタイルを
ヘリンボーン張りで。小窓の向こうはバスルーム。

工期は2週間
1日目_養生
2日目_解体
3日目_墨だし 配管・電気工事
4、5日目_大工工事
6日目_左官工事
7、8日目_タイル工事 床
9、10日目_キッチン設置
11、12日目_タイル工事 壁
13日目_調理機器設置
14日目_クリーニング

一般的な目安として、コンロなどの位置を変えず箱だけを替える場合は3日、設備や床壁の工事を含む場合は1週間、レイアウト変更の場合は2週間。

シンクはアイランドと背面の2ヶ所に
ありましたが使い分ける意味はなく、
また背面にあるコンロに向かうと
LDにいる子供たちの様子がわからない。
収納も中途半端な大きさで家電が
バラバラと置かれていた。
ちなみにリフォーム中の食事は
解体や埃の多い日のみ外食。
あとは洗面所で水をまかない、
カセットコンロ、ホットプレート、
電子ケトルを使って。

Before

TIP 01 オープン棚で器、小物、アートを愛でる

義父から受け継いだ 銅鍋が家族を見守ります

キッチンカウンターの脇の棚には、義父が集め、愛用していた銅鍋をグリーンと一緒に飾っています。家族みんなが「おじいちゃまの気配を感じる」というコーナーです。壁面のサブウェイタイル、古い木板、棚受けの組み合わせが好相性です。

山桜×銅、シンク上の 奥行わずか10cmの贅沢な棚

シンク上、吊戸の下に設けた棚。吊戸下にダウンライトを配することで器が映え、またダイニング側からは間接照明を兼ねた美しいアイキャッチに。窓の上部にかかっていますが、手の入る隙間があるので通風や掃除に支障はありません。

間延びしがちな壁面に 愛用の道具を並べる棚をプラス

システムキッチンのキャビネットの吊戸とカウンター間の高さ80cmほど。この間延びしがちな壁に奥行20cm(上段)23cm(下段)の棚をプラス。上段には食器がわりにも使う、わっぱのお弁当箱をずらりと並べ、下段にはお茶にまつわる道具を並べれば、使い勝手も楽しさもアップします。

取材中に話の花の咲く場所の一つがオープン棚です。
その人の個性やリアルな暮らしぶりが溢れているからです。奥行き10cmほどでも片付けに役立ち、目にも楽しい場所になります。

愛でられた日常の器や小さなアート
棚はその人の内側までも映す

お母さまから受け継いだ器をはじめ、日々の食卓を支える愛しい日用品を収めた棚。最上段には旅先にも持っていくほど大切にしているはがきサイズのアートも。愛して使い続けているものには力があります。

ぶどう畑などの美しい
田園地帯を抜け、坂を上った
丘の上に建つチェコッティ邸。
ジャンナさんが手入れをする
庭からは一家の
オリーブ畑も眺められます。
豊かな緑、穏やかな風、鳥の声……
トスカーナの恵みに溢れています。

chapter 4

自然と呼吸をあわせる

水周りは自然と深く繋がっています。
水は空、山、海の自然の循環の賜物で、食材も豊かな自然があってこそ育まれるもの。
トスカーナのキッチン、そしてコペンハーゲンのバスルームを訪ね、
自然と呼吸をあわせて暮らす豊かさに触れてきました。

TOSCANA

トスカーナの寛ぎのキッチンから

チェコッティ邸

Gianna Ceccotti
ジャンナ・チェコッティ

比類のない家具ブランド
「チェコッティ コレツィオーニ」の
創業者ファミリー。
教会の従事者が暮らしていた館を
1993年に手に入れ、5年かけてリフォーム。
夫妻と愛犬1匹で暮らす。
夫妻ともにトスカーナ出身。

つくりこみすぎず、使い込んだ道具が暮らしへの
愛情を語るようなキッチン。
テラスへ続く窓からの光と風も心地よい。

築500年の邸宅を伝統的な自然素材で改装

石、漆喰、レンガ、木材といった伝統的な
自然素材を用いた空間。キッチンはジャンナさんの
趣味の部屋といった趣です。
木製のオーダーキッチンと手前のワゴンは
「チェコッティ コレツィオーニ」。

焼く、切る、盛りつける
素朴な作業がよろこびになるこの場所

ダイニングの一角には
造作でつくった調理用の薪ストーブ。
地元の食材を五徳に乗せ、
地元の木材でじっくりとグリル。
パチパチと薪の燃える音に
耳を澄ませ、炎と焼き具合を見守ります。

専用のナイフフォークで肉を切り分けると、
皆から歓声が。焼きあがった肉は、
少量の塩、コショウ、そしてチェコッティ家の
畑で採れた香り高い
フレッシュオリーブオイルをたっぷりかけて。

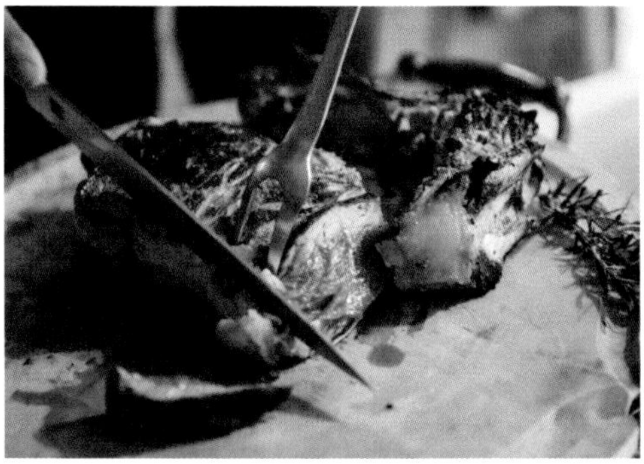

厳選した木材を手仕事で仕上げる「チェコッティ コレツィオーニ」の瀟洒な家具。オーナー宅の取材のなかで、簡単なランチ風景をリクエストした我々を、ジャンナさんは心からのもてなしで迎えてくれました。「料理が大好きなので、リノベーションではキッチンに一番こだわったわ」と語ります。キッチンの棚には使い込んだ道具が頼もしく愛しい相棒のように並び、ダイニングの一角には調理のための薪ストーブが設けられています。そして薪ストーブで用意してくれたのがトスカーナ牛のロースト。下味はつけず、オリーブの薪で香りづけをしながら、じっくりと焼き上げる。地産の素材に感謝をこめて料理し、家族や友人を愛して、人生を楽しむ。キッチンという確かな暮らしの場を通して、そんな豊かな日常に触れた得難い時でした。

（左）一人分ずつ
カッティングボードに盛った
数種のシャルキュトリー。
これらは近くの
顔なじみの店で調達。
奥の器はリチャード ジノリの
「ベッキオホワイト」。
（右）メイドさんのクラシカルな
装いも素敵です。

中央の作業台にはデイリーに使う
プロシュート用の大型スライサー。
愛犬クーバも鼻をならします。

「つくる」と「食べる」が緩やかに繋がる空間
視線の先には心が浮きたつ品を

友人を招いてのランチ。
シンプルな木のテーブルにサッと
テーブルクロスを。
ゆったりと食事を楽しめる
曲線美のアームチェアも
「チェコッティ コレツィオーニ」。

リノベーションの際に
キッチンとダイニングの間に
小さな壁をつくり、
目隠しのある安心感と、
動きやすさを両立。
「つくる場」と「食べる場」の
程よい距離感で、
気負いのない時間を。

天然石のゆったりしたシンク。収納の目隠しは
布カーテンと、つくりこみすぎないのも魅力です。
棚には可愛い動物のオブジェずらり。
ここはクーバもお気に入りの場所。

取材撮影協力　カッシーナ・イクスシー

COPENHAGEN

コペンハーゲンの湖の家から

カミラ・グリツ さん

リビングからの夢のような眺め。
初夏の輝くような水辺です。樹木と同じように
水辺も季節の顔を見せてくれます。
このプライベートレイクのある住まいは、
コペンハーゲン中心部からわずか30分。

伝統的な健康法のため
バスルームと湖を繋ぐ動線

バスルームの前のドアから、
湖へ向かうデッキ。
バスタブで温まり、湖で身体を
冷やすというデンマークの
伝統的な健康法を、
日々続けるためです。バスタブは
空を見上げられるように
低く設けています。

水辺に抱かれる癒しのバスルーム

Camilla Gullits
カミラ・グリツ

2012年、ネパール産の最上級の
カシミア、ウール、シルクなどを使った
ライフスタイルブランド「CARE BY ME」を
パートナーと立ち上げる。
ネパールでの社会貢献を含めた活動は
国際的にも大きな注目を集めている。
子供たちが巣立ち、
現在は夫と犬と暮らす。

長い冬は厳しいけれど、
その美しさは格別といいます。
湖は凍り、子供たちの
広大なスケートリンクに。
バスタイムの後、癒しの時間には
上質素材の部屋着に包まれて。

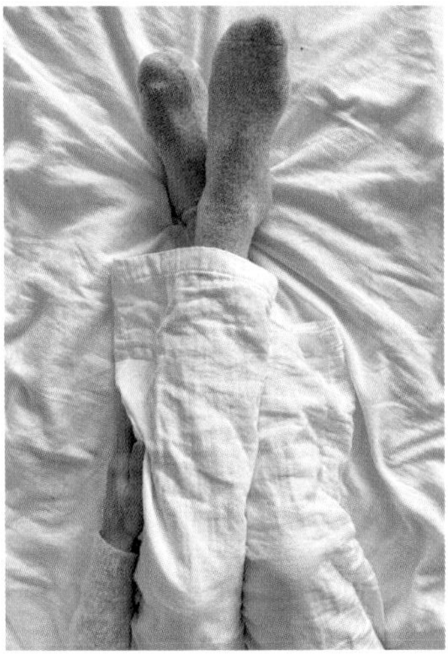

羽のように軽いカシミアや
ウールでつくった
「CARE BY ME」ルームウエア。
一部はグレーデ
https://glaede.jpで。

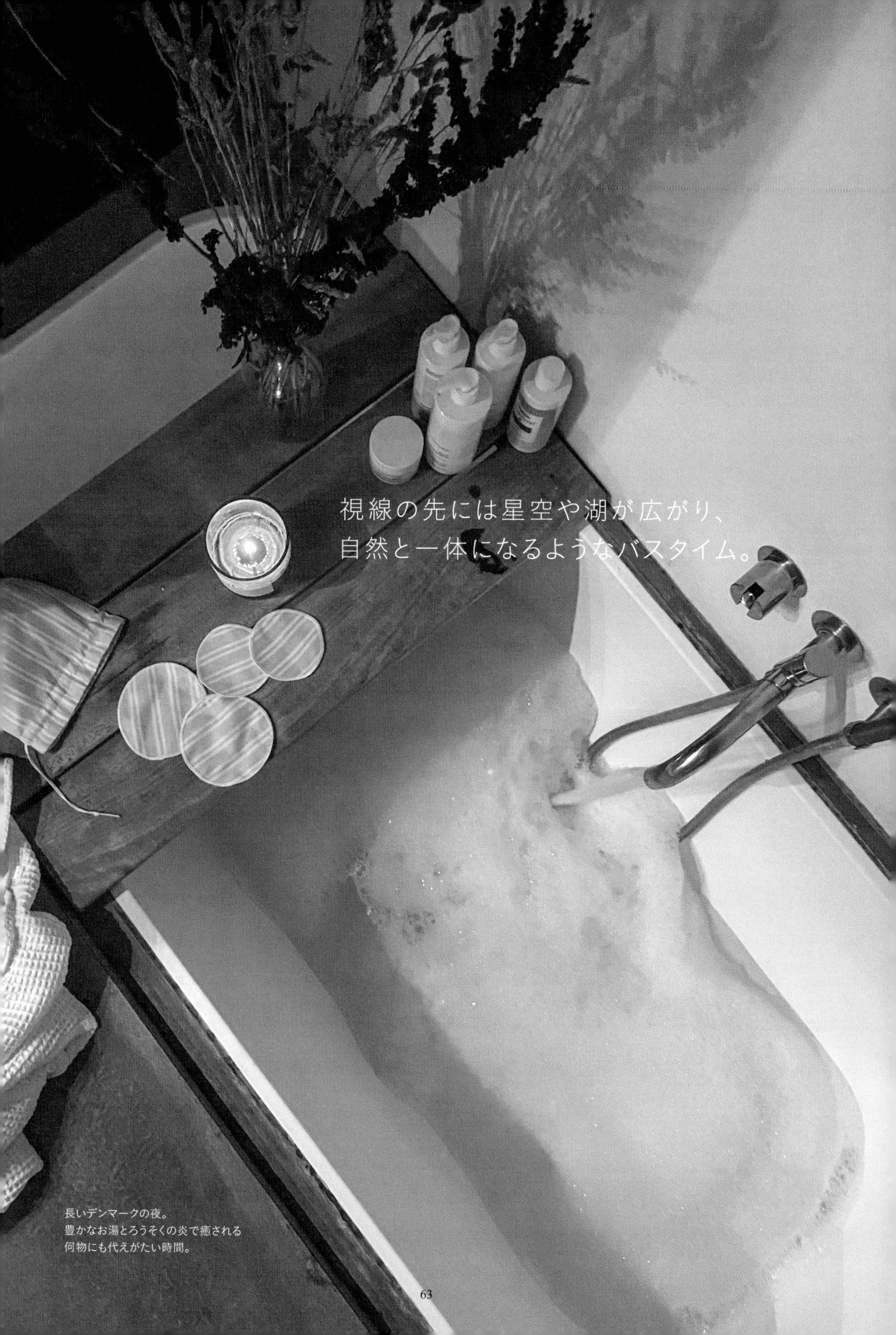

視線の先には星空や湖が広がり、
自然と一体になるようなバスタイム。

長いデンマークの夜。
豊かなお湯とろうそくの炎で癒される
何物にも代えがたい時間。

シンプルなつくりのパウダールームは
自分と向き合う最良の場所。
建築や家具のプロポーション、
色調を整理することで生まれる余白は
北欧インテリアの大きな魅力です。

「CARE BY ME」のつくる品々とカミラさんの写真を見て、どうしてもこの素敵な人の住まいを見たい、と熱望して向かったデンマーク。

コペンハーゲン郊外の彼女の住まいは、湖に面し、水辺が織りなす自然と一体となったものでした。そしてその顕著な例がバスルーム。「バスタブで温まった後は、そのまま湖へ。デンマークの伝統的な健康法を毎日続けているわ」といいます。浴室から湖畔まではデッキが続き、日々無防備な姿で行き来をすれば、水温、風の音、足元の感触や樹木のざわめきで、大げさに言えば地球や自分自身の微かな変化に気づくように思えます。「ここにいることが幸せだと思える」という、カミラの優しくたくましい心の体幹は、この水周りの習慣でゆるぎないものになっているのかもしれません。

雪の季節以外は
「もうひとつのお風呂」がここです

バスルームから湖へ、まっすぐに続くデッキ。
このテーブルで家族や仲間と
過ごすのも、湖の暮らしの日常です。

Catalogue 1

小物が素敵だと
キッチンに立つのが楽しくなる

出しっぱなしのケトルはキッチンの顔

朝一番のエンジンに、また1日のピリオドにお茶を淹れる。
キッチンに鎮座するケトルは、日々のリズムをととのえる相棒です。
質感にこだわるのか、実用第一でいくのか……
ケトルを見るとその人の暮らしの習慣やこだわりが見えてきます。

オシャレなルックスに加えお湯の温度を7段階に設定できるマニアックな電気ケトル(50、60、70、80、90、95、100℃)。紅茶やコ　ヒーは高温、煎茶は80度、白湯は50度と適温で。Russell Hobbs 電気Tケトル ホワイト W19.5×D13.5×H20.5㎝ 0.6ℓ ¥13,200(大石アンドアソシエイツ)

ケトル選びには
個性が現れる
素材も形もそれぞれ

時間とともに飴色へと変化していく銅之薬缶。薬缶との関係が深まるさまが目に見えるのも味わい深い。熱伝導率も優れた銅、新潟県燕市でつくられたもの。内部はニッケルめっき。
W20×D17.5×H24cm(弦含む)2.18ℓ 620g
¥19,800(東青山)

鉄瓶でお茶を淹れるのは一つの憧れ。昔ながらの技法で仕上げに黒漆を焼きつけた丁寧なつくりでモダンデザインに。使い込むうち湯の味がまろやかになる。白湯好きにファンが多い。IH対応。
南部鉄器のケトル(S) 底直径12×H10.5cm
1.1ℓ1,400g ¥71,500 (ババグーリ)

フィンランドでもっとも古いステンレス用品の会社「OPA」。映画「かもめ食堂」でも使われました。1.5ℓのほか二人分の湯量でテーブルに置くのもちょうどいい0.5ℓのミニサイズも。Mari ケトル
18-8ステンレス 直径18.5×H18cm 1.5ℓ 560g
1.5ℓのみIH対応 ¥12,100(日曜社)

朝、煎り番茶や麦茶をたっぷり煮出す、そんな時寸胴鍋のような薬缶は頼れる相棒。中もグルっと手をまわして手入れができるストレートケトル・サテン。大正11年創業の老舗道具店のもの。本体:
18-8ステンレス W22.3×D16.3×H22.5m 2.0ℓ
806g ¥13,750　IH対応(工房アイザワ)

季節をとじこめる保存容器

旬の果実をシロップ漬けに、また日々の常備菜を
ストックする。定番アイテムの保存容器を
少しだけ贅沢に見直してみませんか。
日々のルーティンの気分もかわるはずです。

往年の巨匠デザインの復刻版ガラスポット

料理家のキッチンを取材で訪ねると、旬の果実などを漬けた美味しいボトルを多く見かけ、よい景色だなと思います。大御所デザイナー・オーレ・パルスビーのガラス器を1825年創業、デンマークの伝統あるガラスブランド「ホルムガード」がリデザイン。「スカーラジャー」（参考商品）（すべてscope）

下ごしらえ、保存、火にかけて食卓まで。ホーローの底力

老舗道具屋の主人に、同アイテムでのサイズ違いの豊富さは日本の台所道具の特徴と聞きました。この琺瑯シリーズは、まさにそれを体現したもの。下ごしらえ、直火、オーブン、そして保存と調理ストレスを軽減するマルチな機能、乳白色の優しい質感だから、作りおきをそのまま食卓に並べても。ホワイトシリーズ　ラウンド10㎝¥1,320、12㎝¥1,540、14㎝¥1,760、16㎝¥1,980、19㎝¥2,200、21㎝¥2,640　レクタングル浅型(シール蓋付)S¥1,375、M¥2,145、L(29×22.8×H5.7㎝)¥2,420　スクウェア密閉蓋付S¥1,815、M¥2,530、L(12.8角×H12㎝)¥2,805レクタングル深型 琺瑯蓋付(写真上部)S¥2,255、M¥2,970、L¥3,465、LL(w26.2×D16×H11.8cm)¥5,060 (すべて野田琺瑯)

キッチンシンクは環境への入口、天然の香りに癒され環境にもやさしい洗剤を

著者は二人暮らしなので、食器は手洗い派。
面倒に感じることももちろんありますが、贔屓の作家さんの
器やグラスが、こざっぱりときれいになるのは気分のいいものです。
洗剤がよい香りで、環境への負荷のないものなら、なおさらです。

(左)キューカンバー&アロエベラ、レモン&ボタニカルライムというマッチングも新鮮な「ORGANIC CHOICE」。「日常に、ほんの少しの贅沢を」をコンセプトにしたオーストラリアのクリーニングケアブランドで、植物ベースの洗浄成分を採用し、よい香りで洗いあがりもスッキリ。環境への意識が高く、森林破壊を止め絶滅危惧の動物を守るためパームオイルは使用せず、アニマルテストも行いません。ディッシュウォッシングリキッド(500mℓ)各¥990(ともにリビング・モティーフ)

(中)プロバンスのオリーブが香る「フェールシュバル」のディッシュソープ。160年間フランスの伝統手法でマルセイユソープ(原料:オリーブ油)をつくり続ける老舗ブランドが、アレルギーのリスクを最小限に抑えるために開発した、天然成分99%からなる、低刺激の洗剤です。(500mℓ)¥990(リビング・モティーフ)

(右)ミネラルを主成分に、酵母から培養した再生可能な界面活性剤を使用した「エコベール」。排水された後、微生物などにより分解され、自然物質に戻ります。ボトルは100%再生プラスチック。またたっぷり使える大容量(5000mℓ)も。香りはレモン、ザクロのほか、カモミール、そして無香料・無着色のゼロも。食器用洗剤各450mℓ オープン価格(エコベール)

TIP 02　常識にとらわれない水周り

シックなキッチンで微笑む
ケイト・モスと「Kawaii」小物

収納扉はモダンすぎないデザインが絶妙の匙加減。カウンターにはスヌーピーとチャーリーが取手になった「アスティエ・ド・ヴィラット」の限定品のキャセロール。シックさの中に可愛さがスパイスのように効いている。

フロランス・エルクビー さん

白と黒、モノトーンでまとめたフロランスさんの水周り。なぜこのカラースキームを選んだの、と聞くと、「完璧な調和があってエレガント。そして、そこにアイテムをプラスすることで、より魅力的になるからよ」と。キッチンから見えるのは自身のミューズというケイト・モスのポートレート、そしてバスルームにはビッグプラントやキュートな小物。照明も均一な配光ではなく、雰囲気づくりを大切にしています。遊びの要素をとりいれて、料理や身支度の時間をクリエイティブに過ごしたい。自分の「好き」に素直なら、こんなに素敵な空間ができる好例です。

水周りは女性のアトリエだから、もっと自由につくっていい。
アート、グリーン、照明……パリのアパルトマンに住むフロランスさんの水周りは、
自身の心と身体の心地よさに正直な素敵な空間です。

バスタイムや身支度の時間こそ贅沢に

朝起きると真っ先に向かうバスパウダールーム。自然光がたっぷり入り、家のなかでも特等席です。床はモノトーンのパターンで遊び、バスタブの壁にはアートを。別に設けたシャワーブースの天井にはレインシャワーも。

洗面化粧台こそ常識にとらわれずに、気分の上がるドレッサーをつくる気持ちでいればいい。実は可愛いものが大好きなフロランス。つくり込みすぎず、柄物のボックスなどの収納もヒントになる。

Florence Elkouby
フロランス・エルクビー

子育て中の30代半ばに
高級コスメ専門の広告代理店を設立。
2017年、自宅のリフォームプランを
手掛けた後にデザインスタジオ
「L' Appartement Parisien」をローンチ。
2人のお嬢さんは独立し、
現在は夫、十代の息子さんと暮らす。
Instagram：@lappartementparisien

TIP 03 水周りの想像力が広がる ハイエンドな輸入インテリアショップ

「見せるパントリー」をはじめ 枠にとらわれない スタイリッシュな世界観

1949年創業のドイツのキッチンブランド。クラフトマンシップ、そして人間工学による機能性とデザイン。その実現のために蝶番金具にいたるまで、全パーツを自社で開発・製造する唯一のキッチンメーカー。動線を有効に考えたアイランド型キッチンを初めて発信した、革新性も持ち合わせており、セレブリティのユーザーも多い。

キッチン奥は美しいパントリー。ウォールナット材や照明で、ストック品まで美しく見せる望外の設え。書斎やバーコーナーとしても使いたくなるようなバックヤードを超えた場所です。

右上の写真にも写っているテーブル、「Solitaire b」。天板は、ウッド、ガラストップなどさまざまな仕上げでオーダーできます。

bulthaup 青山ショールーム

東京都港区南青山6-12-4
ルクレ南青山ハウス2F
地下鉄表参道駅から徒歩約7分
TEL:03-6418-1077(完全予約制)
https://kc-kitchen.com/

かつて『SEX AND THE CITY』で超豪華なシューズクローゼットが
話題になりましたが、水周りのハイエンドブランドも
負けていません。夢を見られる新しい発想をショールームで体験しませんか。

イタリアブランドならではの
洗練をまとった
新しい大理石づかい

イタリアのハイエンドブランド「ボッフィ」のキッチンとともに目がとまったのは、今までにない新しい表情をもつ石材。有数の採石場で、伝統的な石材加工技術をもつトスカーナを本拠地にする「サルバトーリ」のものです。天然石の表面にニュアンスをつけた仕上げ材や、彫刻さながらに削り出した洗面ボウルなどイタリアデザインの真髄をみる美しさです。

(上)「ボッフィ」のキッチン。繊細なデティールは高い技術に支えられています。(右)彫刻のような美しい「アニマ洗面ボウル」。(受注輸入品)壁に貼ったのは通常廃棄される端材をリユースした、世界初の大理石リサイクル製品「リートヴェルデ」。全4色。(ブラウン系の1色のみ国内在庫。ほかは受注輸入品)

石材にパターンのようにメタルをはめ込んだ「トラッティ ビアンコカラーラ」。メタルは、ミッドナイトブラック、ブラスの2色。

エ インテリアズ｜
ボッフィデパドヴァ東京

家具、キッチン、バス、収納、アートなど
トータルコーディネートもできるラインナップ。
東京都港区南青山4丁目22-5
地下鉄表参道駅から徒歩約7分
TEL:03-6418-1077(完全予約制)
エ インテリアズ大阪 TEL:06-6479-0135
https://www.interiors-inc.jp

chapter 5

お風呂の時間と空間は
心と身体に
深く温かくしみわたる

旅先でのお風呂の時間と空間は、たしかな体感として記憶されています。かつてうかがった京都・麩屋町通の老舗旅館の、たっぷりの湯をたたえた高野槇の浴槽。さほど大きくない部屋風呂ながら、その香りと柔らかな木肌、そして窓の向こうの小さな庭、輪郭のない行燈のような優しい灯り。それら細やかな心配りが浸みわたり、忘れられない記憶になっています。また、青森ヒバが香る八甲田のホテルの大風呂は、目前にブナの原生林が広がり、湯の音を聞きながら、太古の森に抱かれたようでした。その贅沢の一片は、家に帰れば味わえるのです。湯船に浸る贅沢はすべての人に与えられたものではなく、一つの幸運だと思って風呂の時間と空間を見直せればと思います。現実は疲れきってバスルームにかけ込む日々だとしても、湯の感触、水流の音に心を向けてみれば、それだけでも気持ちがほぐれるように思えます。ここでは、新たに注目される珠玉の宿のお風呂を通して、いま私たちを癒してくれる家のバスルームインテリアを考えてみました。

写真／ウェスティン都ホテル京都 佳水園の部屋風呂

珠玉のホテルで風呂文化のDNAに浸る

ウェスティン都ホテル京都　数寄屋風別館

佳水園

光と影の織りなす空間での湯あみ
その心地よさに感動すら覚える

どこか茶室を思わせる
端正な部屋風呂。
敷地内で深度約1,200mの
掘削を実施し湧出した
天然温泉を
各客室で楽しめます。

私たちのもっている風呂文化がここまで贅沢なものだったとは……湯の音、滑らかな木肌の湯船、たっぷりとたゆたう湯。そして湯船からは、清廉な森の香りがほのかに立ち上る。

湯に浸るのは、自然に抱かれ無垢な自分に戻ることだと感じる佳水園の風呂。

肌で、音で、香りでほぐれていくこの風呂は、時間や季節、刻々と移り行く時で、ハッとするような美しさを見せてくれます。晩秋に訪ねた折には、水面に庭園の見事な紅葉が写り込み、抜けるような秋天の光までもたたえていました。また夜には、水滴や水紋が微かな光をはなつだけの暗がり癒され、陰影礼賛の美を体感しました。暮らしと自然とが一体となり、風雅を愛でていた頃のDNAを少しでもとり戻したい、そんな思いさえ抱きます。

(上)なんと美しい。新緑の頃、
雪の日……と、徒然なる時を映す風呂。
(左)同室の寝室。
湯あみの後にぐっすりと休めます。

ウェスティン都ホテル京都の一角に佇む数寄屋風別館「佳水園」。日本モダニズム建築を代表する村野藤吾氏の設計。ホテル創立130年を記念して、佳水園は60年ぶりとなる2020年夏にリニューアルオープン。全体設計監修は大林組。客室監修は中村拓志／NAP建築設計事務所
京都府京都市東山区粟田口葦頂町1
TEL:075-771-7111
https://www.miyakohotels.ne.jp/westinkyoto/room/kasu_en

壁は檜と炻器のタイル貼り。
白木×黒がモダンな印象も醸しています。

檜の洗い桶と椅子はモダンなデザイン。
タイル貼りの床は床暖房でほわりと温かい。

檜、ヨシ、槙。自然素材によるミニマムなデザイン。優しい肌合いと清澄な香りも好ましい

自然素材の優しい空気感、
柔らかな間接照明で
ととのえた洗面化粧室。

浴槽と吐水口は槇。角面のない円形にすることで、
湯船は肌に目に滑らかで優しい肌触りに。

洗面所は茶室にも多く用いられる
竿縁ヨシベニア天井。素材の力と職人芸があってこそ。

光を吸いこむ聚楽調塗壁。鏡の裏に入れた照明の灯りによる
陰影が美しい。陶器の洗面ボウルはビレロイ&ボッホ。

アメニティボックスも佳水園オリジナル。材質は檜で、
佳水園のモチーフである瓢箪で焼印。

アートビオトープ那須

木の香りと
「水庭」がつくり上げる驚きと癒し

(上)完全独立型の
スイートヴィラのバスルーム。
(下)建築家 石上純也氏設計の
水庭。2018年に
パリ「カルティエ現代美術財団」で
開催された氏の個展は、
同館が一人の建築家を特集する
初の試み。一編の詩のように
美しい水庭のプレゼンテーションに、
著者も深く心打たれました。

自然と向き合い、メディテーションするような時を過ごせるアートビオトープ那須。

ヴィラはどの部屋も敷地を流れる渓流を間近で楽しめるように配置され、広々としたテラスに連なるバスに身をゆだねれば、あらゆるものが親和し、ゆるやかに循環する生命圏でありたい、という宿の思いを体感できます。

隣接する水庭には、うつりゆく空と樹木を映しこむ160の水面が。水の洗礼……そんな言葉が浮かぶ類のない場所です。

水庭は宿泊者以外も見学可能(要予約)。
栃木県那須郡那須町高久乙 道上 2294-5
那須塩原駅より無料シャトルバスあり
(事前予約制)。
TEL:0287-74-3300
https://www.artbiotop.jp

アマネム

モダンと太古が響き合う
世界遺産の続きのようなウエルネス体験

アマネムが佇むのは、熊野古道に連なる、古くから浄化の旅の目的地として知られる地。2,000平方メートルと広大な敷地のアマン・スパには、屋内外の温浴施設をはじめプレミアムなウエルネス体験が用意されています。客室のバスルームは、静かな英虞湾を見渡すなど特等席に配されています。

伊勢志摩国立公園に建つアマン初の温泉を有するリゾート。ツキヴィラ含めて32室の全客室に温泉完備。賢島駅から送迎車で約20分。
伊勢自動車道　伊勢西ＩＣから約60分。
三重県志摩市浜島町迫子2165　TEL:0599-52-5000
https://www.aman.com/ja-jp/resorts/amanemu

モリスイートは緑豊かな癒しのガーデンビュー、ナギスイートからは穏やかな英虞湾を一望。バス小物一つにまでアマンのホスピタリティが見てとれ、洗練の極み。水着で利用できる屋外施設の天然温泉もあり、スパジャーニーを堪能できます。

ザ・リッツ・カールトン日光

リッツ初の温泉リゾート。眼前の四季と室内の心地よさを満喫

寡黙な素材で設えたバスルーム。景色が一枚の絵のように浮かび上がります。

中禅寺湖畔の男体山を望むロケーション、奥日光の自然と調和するように佇む宿。ブランド初の温泉リゾートで、いずれの客室からも見事な紅葉をはじめ、繊細かつ雄大な四季の風景を眺めてのバスタイムを楽しめます。またスパではトリートメントと合わせ、露天風呂を30分間プライベート使用できる「温泉リトリート」のプランも。

栃木県日光市中宮祠2482
硫黄泉の源泉を引く大浴場完備。東武日光駅からバスで約40分。
バス停ザ・リッツカールトン日光から徒歩すぐ。
TEL:0288-25-6666

エースホテル京都

烏丸の古き良きランドマークの新たな顔
バスルームもロマンチック

エーススイート。(上)借景がなくても
照明の工夫で心はほぐれる。
バスタブの横には、止まり木のような
スツールを。(右上、下上)LDKの一角には
小さなパーティーシンク。
水は楽しみの場も広げてくれる。
建築監修に隈研吾氏、
インテリアデザインはLAを拠点とする
コミューンデザイン。

シアトル発のホテルブランドAce Hotel。歴史的建造物の旧京都郵便局を改装した保存棟と新築棟からなり、客室は、お洒落な友人宅へ遊びに行ったような気安さも魅力。パウダールームの洗面化粧台も木の温かみを取り入れ、ホテル然としすぎないデザインが新鮮。スイートルームのバスルームには真ん丸のペンダントライトが設けられ、ベースライトをおとせば、ぽっかりと浮かぶ満月を眺めるような心もちで、ロマンチックなバスタイムが楽しめます。

エースホテルのアジア1号店。全室30㎡以上、タイプの異なるスイートが5室。全室に備えた70〜80年代の邦楽や洋楽のレコードとプレイヤーも好評。
京都府京都市中京区車屋町245-2
京都市営地下鉄「烏丸御池駅」南改札直結
TEL:075-229-9000
https://www.acehotel.com/kyoto/

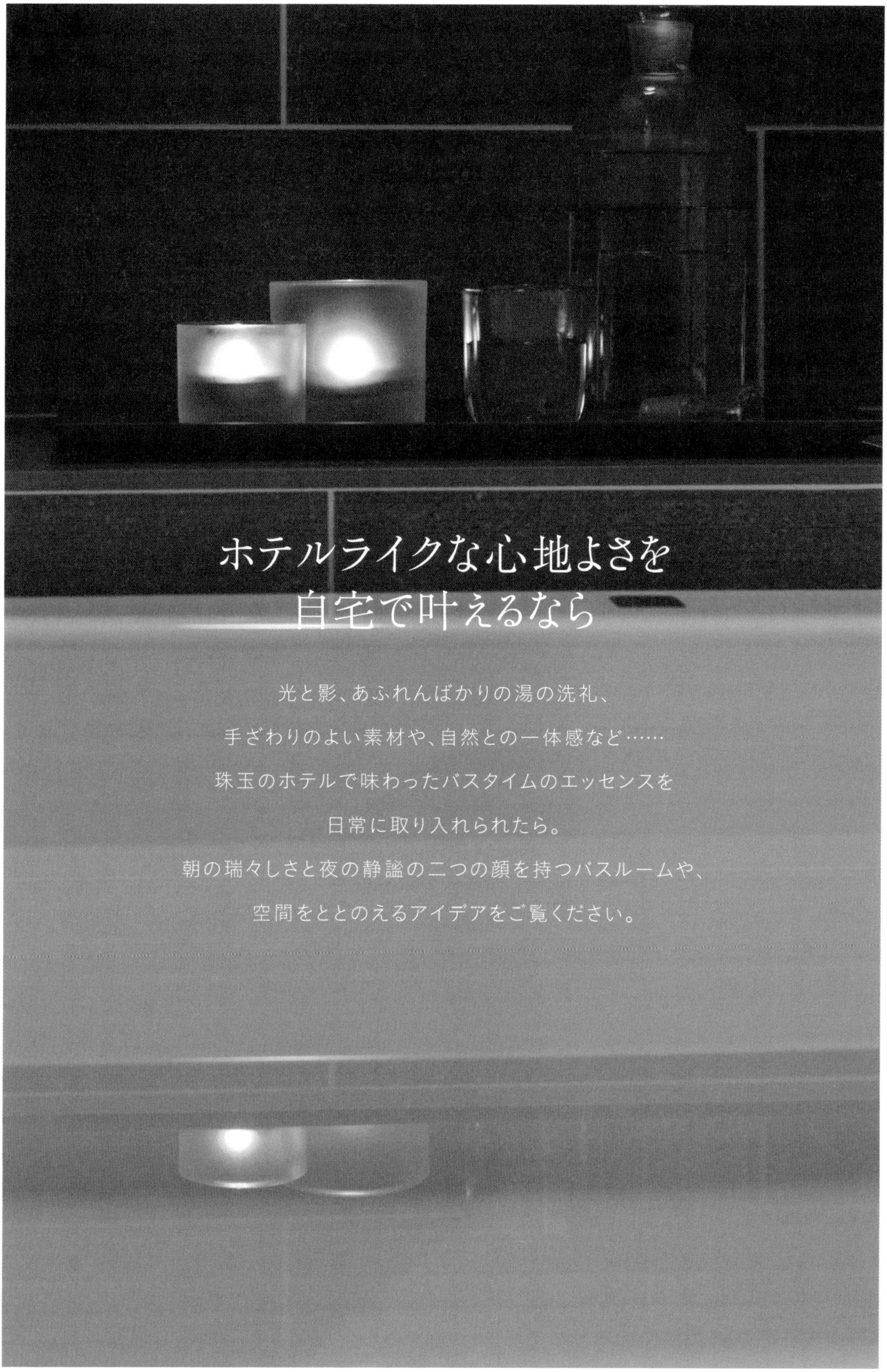

ホテルライクな心地よさを自宅で叶えるなら

光と影、あふれんばかりの湯の洗礼、
手ざわりのよい素材や、自然との一体感など……
珠玉のホテルで味わったバスタイムのエッセンスを
日常に取り入れられたら。
朝の瑞々しさと夜の静謐の二つの顔を持つバスルームや、
空間をととのえるアイデアをご覧ください。

「もうどこにも行かなくていい」と思えるリゾート感覚のバスルーム

石川邸

この空間にできるだけ大きな
バスタブが置けるように、
バスタブ両端の傾斜と壁の間の隙間に
配管を通すなど細やかな工夫を。
水周りのリフォームでは配管のとりまわしを
熟考するのも大切な仕事といいます

手のかからない植物で
小さなシャドーガーデンを

シダ類、斑入りヤブラン、
トクサ、カラーリーフのルコティーなど、
半日陰でも育ち、手のかからない植物を。
クリスマスローズなど
季節の喜びをくれる植物もアクセントに。
場所柄水やりは簡単です。
（植栽：からならの木）

空気を含んだ柔らかな水流を生む
シャワーヘッド。ハンドシャワー、
レインシャワー、吐水口一体の
「ハンスグローエ」のクロマ セレクト280。

朝の瑞々しさに溢れるバスルーム。イレギュラーな空間（145 × 245㎝）をくまなく活かすために在来工法でリフォームをしました。FRA（高品質アクリル）のバスタブ、大判のタイル、レインシャワー、そして外壁とのわずかなスペースにつくったガーデン。水と光、そして植物が近くにあるバスタイムはとりわけ気持ちのよいものです。「窓を開けて入るのが習慣になりました。休日はここでゆっくり過ごすのがなによりの楽しみです」。どこへも行かなくていい……と思えるほど心身をほぐす場所が家にある、これ以上の贅沢はないかもしれません。

バスルーム横のパウダールームも端正な表情。
聞けば、洗面化粧台は扉も天板も、京都の山桜の無垢材を使ってつくられたものだそうです。無防備になる場所が、優しい素材でととのえられていると、心が休まることを実感できます。床材は自然素材のサイザル、シャリっとした足ざわりです。そして、見せると隠すをバランスよくととのえた収納は、まさにホテルライクといえます。
またこの場がととのった状態を保てるのは機能的なランドリースペースの力も大きい。素材のよさと、オーガナイズへの工夫、この両輪で心地よさが形作られるお手本です。

・洗濯機、乾燥機をビルトインした
造作の収納棚。上部の
収納内部にハンガー用のバーを設ける、
また頻繁に手に取るミニタオルは
オープン棚にするなど細やかな工夫を。
・無垢材に凹凸で表情をつけて。
・グリちゃんとアスタちゃんがいても
この美しさには感服。

無垢材でととのえた
贅沢で落ち着けるパウダールーム

ドレッサーのような洗面化粧台。
タオルはオーガニックコットンブランド
「天衣無縫」。クラシカルな水栓も
アクセントに。ミラーの両サイドには
ブラケット照明を。

夜は間接照明やキャンドルで
別の顔を見せてくれる

1日のピリオドに ふさわしい環境づくりを

朝と夜ではバスルームに求める雰囲気は異なるもの。グリーン部分に設けたフットライトとキャンドルの間接照明で、心地よい眠りへと続く、癒しの時間を。耐水性のある樹脂製ブラインドはナニックのウッドパーフェクト。

「マンションでもできた」光と風のあるバスルームにリフォーム

山中邸

洗面からキッチンへ
抜ける動線。
まだお子さんの小さい山中さん、
夕食の後片づけをしながら
子供たちのお風呂の様子を
見るなど、安心感のある
レイアウトです。

洗面とは別に設けた約3畳の
ランドリールーム。部屋着の収納スペースを
設けているので、外出先からここへ
直行し着替えを。洗濯機と乾燥機の上は
作業のできるカウンターになっていて、
手前にはミニシンクもある。

配管のために一部上げた床もデザインに

廊下から見た洗面スペース。向かって左側が
バスルーム。バスルームだけでなく、
パウダールームにも光が回るのが嬉しい。
造作家具で収納もたっぷりと。

「どうしても窓のあるお風呂に入りたい」と、要望を叶えてくれるデザインリフォーム会社を探した山中さん。マンションのバスルームに閉塞感を感じても大幅な移動はむずかしい、まして窓のある場所なんて……と希望を封印してしまう方は多く、また相談してもよい返事をもらえないケースも少なくありません。「配管のとりまわしさえうまくいけば、できないことではありません。こちらは一部の床を上げる、造作家具の中に配管を通すなどの工夫で、元々キッチンの窓があった場所へ移動できました」（FILE 平山さん）またオーダーユニットバス（P.94）にすることで、タイル張りの壁やホーロー浴槽というこだわりも実現。キッチンはリビングサイドへ移設し、そしてその間を洗面所で繋ぎ水周りの動線も見事に整理されました。

バスタイムは至福の時。
ホーローのバスタブは肌ざわりがやさしく、
お湯も美しく見える。ハンドシャワーと
一体型のレインシャワーも完備。
「諦めずまず希望を伝えていただきたいですね」
（平山さん）。

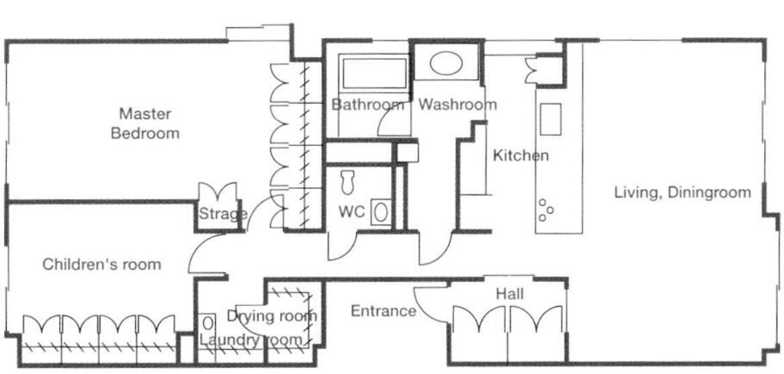

TIP 04 ユニットバス進化事情

檜や十和田石。肌に優しい自然素材も選べるように

床や壁をなど、あらかじめ工場でつくられたパーツを現地で組み立てるユニットバス。一枚の大きな防水パンの上に設置をするため水漏れの心配がなく、早ければ1日で完工するこのシステムは、1964年東京オリンピックの選手村のために大手メーカーが開発したのが始まり。大量生産によりコストを抑えられることもあり、今や国内の住宅の約9割がユニットバスといわれます。
近年の癒しブームでユニットバスメーカーはさまざまな工夫をこらしていますが、浴槽は樹脂製、床壁も樹脂系のパネルが大半。物足りないけれど、掃除はラクそうだし、ユニットバスだから仕方がない、と素材への注文は諦めているのが現状でしょう。
しかし近年、環境によい素材をと檜や天然石を使ったユニットバスがデビュー。浴槽は国産の十和田石、水に濡れるとほのかに青く色づいて“やすらぎの青”ともいわれ、遠赤外線や、マイナスイオン効果も期待できるようです。そして浴槽の框には憧れの檜を。柔らかな手ざわりと、清廉な香りが心地よさそう。框のみの取り替えができるのも安心材料です。床と壁はタイル貼りで、壁面を照らす間接照明も完備。お値段は高めになりますが、ユニットバスの概念を変える一歩となるでしょう。

(左)和風の浴槽浴室ブランド「アステック」のWABUROプレミアSHコレクション。タイルは平田タイル、3色からセレクトを。水栓はSANEI。
幅160×奥行160×高さ220㎝¥4,400,000
幅180×奥行220×高さ220㎝¥5,390,000
壁を鋼板パネルにして価格をおさえた「WABURO QL-Line MKII」(¥2,200,000)も発売。運送費、施工費は別途

(左下)かすかに森の香りのする檜の框(右下)十和田石は滑りにくく保温性も高い浴槽に適した素材。(すべてアステック)

バスルームの作りには在来工法とユニットバスがあります。
こだわりを叶えられる在来工法に比べ、ユニットバスのデザインは単一的。
けれどその事情は変化しているようです。

水じまいと工期の短さはそのままに
細部まで思い通りの「オーダーユニットバス」

ユニットバスをつくる際、浴槽、床壁の仕上げ、シャワー水栓などは、メーカーが用意した数点から選ぶことになります。ユニットバスの成り立ちを考えれば当然でしょうが、「壁はタイル貼りに」「ホーローのバスタブは憧れ」「窓をつけたい」「水栓もこだわりたい」「我が家の変形サイズに対応してほしい」……そうした思いを叶えたい方に、「オーダーユニットバス」という朗報があります。好きな素材や部材を選べ、水漏れの心配がなく、工事は平均して4日前後と、ユニットバスと在来工法のいいとこどり。ただ価格はお手頃なものでも、ユニットバスの最上品と同レベル、またあまり知られていないという理由で普及率は全体の1、2％だといいます。そうした中でも、エプロン内の掃除から解放された、という喜びの声も。排水口が1カ所で、エプロン内の湿気が気になるユニットバスに対し、多くのオーダーユニットバスは洗い場と浴槽それぞれに防水パンを設けた直接排水なので、エプロンにあたる湿気のこもる場所がない。デザイン面＋αのメリットも少なくないようです。

(右)人気ブロガーひよりさんのバスルーム。光沢のあるタイルを2色で貼り分け、レインシャワーも完備。ホーローのバスタブは高級ホテルでも使われる「カルデバイ」、肌触りが優しく、湯のうつりが美しいことに加え、汚れおちもよいそうです。「美しい素材がピカピカになると幸せな気持ちになるので、掃除も楽しい」とひよりさん。デザイン施工/FILE ¥5,500,000(施工費含む)工期は4日。
(上)菊池邸(P.28)もオーダーユニットバスでトレンドの黒のオシャレなシャワーヘッド。

TIP 05 身支度をストレスフリーにする水周り

天窓があるような心地よさを最新のLED照明で

太陽光の波長を忠実に再現するビームテックの最新LED 照明「EWINDOW」。天窓から柔らかい自然光が降りそそぐようで、メイクも安心してこの場所で。また時間同期の設定をすれば、リアルな時間に合わせ日の出から日の入りまでの明りの演出ができます。

夫婦それぞれのテリトリーを分けて

洗面ボウル前のミラー収納。ミラーを2ブロックにしてご夫婦別々に。互いのモノを混在させない工夫です。奥様はコスメ類や香水など癒しのアイテムを。

アンダーウエアの収納場所をキープ

パウダールームに家族のアンダーウエアを収める場所をつくれば、入浴、着替え、そして洗濯、収納の一連の動きがスムーズになります。家族がこの定位置を周知することも大切。

パウダールームは自分と向き合うためにも大切な場所。
ドレッサーをもたず、ここでメイクをする女性も多いでしょう。より気持ちよく、
効率よく身支度のできるアイデアを集めてみました。

ドライヤーをもたずに髪を乾かすユニークな工夫

ミラー収納の裏側にフックをつけてドライヤーを固定。立つとちょうど髪の毛に熱風があたるという、この家のオーナーのユニークなアイデア。ドライヤーのコンセントは棚内に設置。

タオルウォーマーで肌触りも空間も心地よく

内部をゆっくりと温水が循環する「ピーエス」のタオルウォーマー。タオルがふっくらするだけでなく、その輻射熱でパウダールームを快適な温かさを。ダイヤルで温水温度の調節ができ、梅雨時のカビ対策にも有効です。

収納型アイロン台があれば身支度はスピードアップ

パウダールームに設置した洗濯機、乾燥機のそばに収納型のアイロン台を。乾燥機からだしたシャツのシワをサッと伸ばしたり、身支度前に気になる箇所をプレスをし直すなど、アイロン台がここにある便利さは格別です。

洗濯機、乾燥機はビルトインでスマートな空間づくり

身支度を支える洗濯機。その周辺が乱雑になるとパウダールーム全体がカオス化しかねません。空間に合わせ横か縦に並べてビルトインしてみては。パウダールームに1脚のスツール、小さなサブ照明があるのもよいものです。

Catalogue 2

身体と気持ちをととのえる「水の時間」の小物を楽しみながら絞り込む

パウダールームのオーガナイズは色の引き算から始まる

旅先のホテルのパウダールームは、リラックスができて
背筋がスッと伸びるような気持ちよさがあります。
その理由の一つは色数が少ないこと。小物やクリーナー類を
見直すことで、グッと心地よい空間へと更新されます。

01 2WAYの詰替用ボトルは、ローションとムースの両方をキャップ部分で切り替えできます。掃除用洗剤などに。持ちやすい6㎝角。「b2c 2way スプレーボトル」500㎖ ¥1,045(sarasa design lab) **02** ロンドンのSt. James Streetに店を構える「D.R.HARRIS」の歯磨きペースト。フッ素、人工着色料、人工甘味料は含まず、アロエベラ配合で仄かなスペアミントの香り。日常にキリリとした気分をくれる贅沢な品。¥2,860(リビング・モティーフ) **03** チューブを絞るだけの一徹なツール。家族の歯磨き粉の絞り方が……といった小さな争いの芽を摘んでくれます。「TUBE WRINGER」¥3,850(リビング・モティーフ) **04~06** 吸水性のある珪藻土を用いたグッズ。左から「TOOTHBRUSH STAND」不要な水分を吸いとり歯ブラシを清潔に。¥4,400 **05** 「SOAP DISH circle」¥1,980　ソープは「SAVINNERIE DE BORMES ソープ」¥550(リビング・モティーフ) **06** 「AMENITY TRAY」¥5,500(珪藻土アイテムはすべてsoil) **07~09** 洗濯洗剤、柔軟剤、漂白剤などは「b2c ランドリーボトル」へ。左から S ¥770 M¥880 L¥990 用途別ステッカー(別売り)あり(すべて

sarasa design lab) **10** オーガニックな「elizabethW ハンドクリーム」(97mℓ)¥3,960(リビング・モティーフ) **11~13** 陶器の白い質感がホテルライクな「b2cセラミックボトル」。ヘッドでムースタイプとローションタイプが選べる。左から ローションタイプ mini ¥1,430 、ムースタイプ S ¥2,200、L ¥2,640 (すべてsarasa design lab) **14** デンマーク「MOEBE」のウォールミラー。Φ30cm ¥17,600(リビング・モティーフ) **15** インド北部の森の蜂蜜とミツロウでつくられた「はちみつの石鹸」(90g)¥1,320(ババグーリ) **16** 石のような質感と量感のティッシュケース。上部が数mm凹になっていてアクセサリートレイにも。「ティッシュケースgranroof」(ティシュサイズ上限245×120×60mm)グレー ¥4,070 (ideaco) **17** 「ハーフティッシュケース bar half」ホワイト ¥3,850 (ideaco) **18** 乾燥機用の「ドライヤーボール」 各 ¥1,980 (sarasa design lab) **19** デンマーク「MENU」の「ソープポンプホワイト」。¥14,300 (アペックス) **20** 「MENU」の「コンテナホワイト」(ともにΦ8.5×11cm)¥8,800(アペックス) **21** 軽石¥275 (リビング・モティーフ)

タオルはパウダールームのインテリア
乾きやすくかさばらないリネン、モダールにも注目

著者は一軒家からマンションへ移ってから、タオル選びが変わりました。収納場所が限られる、また洗濯後は浴室乾燥で仕上げるのが日常のため、肌ざわりがよくオシャレなことに加え、かさばらずに乾きやすいことが欠かせない条件になりました。とりわけバスタオルは、吸放湿性に優れたリネンやモダールが定番になりつつあります。

コットン×モダールの
リッチな肌ざわり

シルクを思わせる滑らかな肌触りと光沢。ブナの植物繊維を原料としたモダールが、その質感を実現しています。モダールは吸放湿性にも優れた素材。世界の一流ホテルでも使用される「hamam」のAsh ハンドタオル（50×100㎝） 各¥7,150バスタオル（70×140㎝）　各¥16,500　上から　ホワイト、アイボリー、ベイパー、ダークグレー（hamam/SELFULL ）

春夏にとりわけ心地よい
ウォッシュドリネン

暑い季節のシャワー後に、大判のウォッシュドリネンで身体をぐるりと包むのは気持ちよいもの。フィンランドで唯一CELC（ヨーロッパリネン&麻連盟）から“Masters of Linen”（高品質ヨーロッパリネン製品への唯一の称号認定）を受けたファクトリーの品 KASTE towel（95×180㎝）white-linen、grey-white　リネン100%（washed）　各¥12,650（ラプアン カンクリ表参道店）

羽のように柔らかな
ワッフルリネン

リネンというとサラリとした肌ざわりを思いますが、こちらはワッフル織りならではのふわふわ感もそなえています。生地の凹凸が吸水性をアップ。また一般的なバスタオルよりややコンパクトなので、タオルバーの周辺もすっきり。
Forestバスタオル(70×130cm)¥8,228 ハンドタオル(26×26㎝)¥1,694 (LINEN&DECOR)

手紡ぎ、手織りならではの
癒しの手ざわり

インド北東部で栽培されたコットンを、手紡ぎ、手織りで丁寧に仕上げたタオル。大量生産品では叶わない、温かな表情はインテリアとしても魅力的です。少し薄めに織り上げているため、乾きが早いのも嬉しい。
バスタオル(75×160㎝)¥9,460 (ババグーリ)

上質なヨーロッパ産リネンをパイル織に

素早く水分を吸収し、また乾きも早いというリネンの特長はそのままに、パイル織りならではのほどよくふっくらした仕上がりを叶えたタオル。

Sophiaバスタオル（64×144㎝）ライトグレー¥7,480、フェイスタオル　ライトグレー、ホワイト（34×63㎝）各¥2,640（LINEN&DECOR）

RHOMTUFT タオルハンガーW47.5×H166㎝）¥24,200（リビング・モティーフ）

快適なルーティンを支える
執事のような優秀小物

歯を磨く、シャワーを浴びる、身支度をする。
日々続くルーティンだからこそ、その後始末も含めて
ラクに機嫌よくこなしたいものです。
見た目もなかなかの小物、ぜひ試してみてください。

立てて、かけて。
水キレ抜群のカップ

パウダールームで意外と気になるのは歯磨き用カップの底面。水気をとり、さっぱり保ちたいものです。このカップは持ち手をスタンドにして立てたり、フックに掛けたりすることで湿り気知らず。緩やかなカーブの一体成型なので、水滴や汚れが溜まりにくく、スルリと洗えて拭ける。コンパクトなサイズも、毎日の歯磨きやうがいにちょうどいい。PLYS base タンブラー（W8×D10×H6㎝）ホワイト、ブルー、グリーン、ブラウン各¥550（オカ）

スクイージーは
バスルームのマストアイテム

まだ使っていない方はぜひ！ 軽くなでるだけでさっと水滴をとれるスクイージーは、バスルームのマストアイテムです。ガラス扉、壁、鏡も水滴知らずに。ハンドルの長いタイプなら天井まで、またミニタイプならカウンターの細部までカバーできます。フックに掛けておいても気にならないグッドデザインも魅力です。18-10ステンレス・PVC製 ドイツ「ZACK」JAZ バスルームスクイージー 40082 ミラーポリッシュ仕上げ　S（20.5㎝）¥10,780　M（42.5㎝）¥11,880（ビザイン）

メイクにだけでなく、小さな気づきもくれる拡大鏡をプラスする

(右)ヨーロッパをはじめ世界70ヶ国、ホテルやスパで多く使われているドイツ「DECOR WALTHER」のアーム式拡大鏡。5倍表示ミラーで細部までくっきり。(ミラー：Φ13.5㎝、土台：Φ17×1.5㎝、アーム最大高さ：80.5㎝)¥33,000(リビング・モティーフ)(左)デンマークのデザインカンパニー「MENU」のペペマーブルミラー。大理石が他にはないクラス感を。下地があれば壁にもつけられます。拡大鏡は3倍。ブラス(W25×D3×H26㎝)ホワイト、ブラウン¥96,800(アペックス)

chapter 6

水周りは、オーダーで こんなに幸せに

一歩踏み出して、水周りをカスタマイズ
したいけれど、具体的にどこから？
今からするならどんなリニューアル？
実はそんな具体的な情報こそが
なかなか世の中には出回っていません。
最新のリフォーム情報を厳選して
お伝えします。水周りのセカンドチャンスを
感性にあふれ幸せなものにするために……。

JAPANESE × DANSKSTYLE

知っていますか? "ジャパンディ"

日本と北欧のデザインはもとより親和性がありますが、より親密に融合した「ジャパンディ」が注目を集めています。一言でいうなら、良質な木材などの自然素材を使った、無駄にものを見せない静謐なスタイルです。デンマークを訪ねると、余白のある室内空間に心を奪われますが、それはどこか日本の茶室にも通じるように思えます。そこに集う人が和み、互いの存在を感じるような余白。そうした穏やかさを、今多くの人が求めているのでしょう。

近年カウンタートップの素材や調理機器は更新され、静かなルックスに優れた機能を備え、手入れもラクになっています。「ジャパンディ」な水周りのためのヒントを探してきました。

大量生産ではない、人の手を感じる
仕上げも「ジャパンディ」の一つの要素。
工芸的なこだわりと最新設備機器が
融合した、洗練された山桜のキッチン。
(FILE京都ショールーム)

器が映える天然木仕上げの収納

時間をかけて集めた器類が
美しく見えると、扉を開けた時に喜びがあり、
器類を丁寧に扱うように。

自然素材の穏やかな美しさ

上の扉はすっきり仕上がるよう突板に。
下のフラップドアはアクセントになるよう
籐を無垢材の框の仕上げに。

寡黙ながら優秀な調理機器と天板

マットな質感が美しく手入れのラクな
シーザーストーン(P.116)。
コンロは「ASKO」のIH。周囲は山桜。

工芸的な美しさの蛇腹扉。収納量も充分

ダイニングサイドには蛇腹で
開閉する収納を。前面がほぼ全開に。
高度な技術を要するもの。

著者がデンマークで出会った
ジャパンディ

(左)デザインスタジオ「FRAMA」の
ショールームに展示された
ミニバスタブは、昭和の
浴槽のような懐かしさが。
(右)古い倉庫をリノベした
「アドミラルホテル」の、
どこか和を感じるパウダールーム。
ともにコペンハーゲンにて。

気持ちのいい「モノの持ち方」が身につくキッチンキャビネット

キッチンには、さまざまな道具が必要です。鍋など大物は調理カウンターの下に収まるとしても、器、カトラリー、スライサー、調味料、ラップ、タッパー、乾物、水筒など。大箱の収納では出し入れがしづらく、いざという時に見つからず賞味期限が切れたり二度買いをしたりと。そんな混乱から脱出する救世主が考え抜かれたキッチンキャビネットです。引き残しのない引き出し、奥行きの深すぎない棚、定位置を決め込んだ収納の工夫で、一目で隅々まで見渡せる。モノをフル稼働させ適量キープすることで無駄な動きや時間の断捨離もラクに叶います。

一目で見渡せて、
取り出しやすく、
オーバーストックも解消。

幅130cm×高さ220cmの
キャビネット。カウンター高は92cm。
引き出しは全10段。
奥行き60cmで、
高さは収納物を考えて
それぞれ高さ方向にロスの出ない
8cm、11cm、16cmの3タイプ。
レールはスムーズなフルスライド。
中段は家電類用のオープン棚。
瓶ひとつ程度を置ける
奥行11cmの飾り棚は遊び心。
上段は奥行き30cmで
深すぎずモノを取り出しやすい棚。

扉つきの棚は、
棚板の数を多めに設定
何をどう収納？

開き戸（左）
1段目：グラス（スタッキング含む）24個、
ワイングラス3脚、マグカップ2個、
湯飲み2個、コーヒーカップ4個、
2段目：平皿（φ17〜21㎝）5枚、
楕円皿（17×14㎝）2枚、
角皿（16〜25㎝角）3枚
3段目：平皿（φ16〜21㎝）16枚、
4段目：平皿（φ18〜21㎝）7枚、
角皿（20㎝×15.5㎝）4枚
5段目：角皿（29×12㎝）2枚、
平皿（φ16〜21㎝）6枚

開き戸（右）
1段目：茶缶 6缶、ティーポット 3個、茶筅等
2段目：ボウル（φ20㎝）2枚、
平皿（φ17〜20㎝）8枚、
3段目：平皿（φ21〜27㎝）10枚
4段目：ボウル（φ21.5㎝）4枚、
深皿（φ23㎝）平皿（φ28㎝）各1枚、
5段目：深皿(φ27㎝）4枚

01

引出しの深さは
8㎝ 11㎝ 16㎝ の3タイプ
くまなく見えるよう
仕切りやコンテナにも工夫を

02

03

Kitchen
Cabinet
Memo

“180㎝幅”におさまる
キッチンキャビネット

マンションなどのシンクの背面には、食器棚用に
幅180㎝のスペースがとられることが多くあります。
その場所におすすめのより機能的なキャビネットです。

どちらも幅180×奥行60×高さ220㎝
(左)左の引き出し内にごみ箱2個を左右に配置¥876,000〜
(下)左右の引出しの一方が
ごみ箱用、前後に2個配置可能。
他方が炊飯器などを入れるスライド棚。
¥802,000〜
また、ごみ箱の上部には、
ともにごみ袋や紙袋の入る棚板を。
無駄なく収納できるよう引出しは
少しずつ深さを変え、
吊り戸棚の棚板は多めの4枚。
※タイルパネルはオプション。
サイズ、面材、把手のデザインは
オーダー可能
(上記と価格は変わります)

ともに問い合わせ先:
FILE東京TEL:03-5755-5011
水曜休(予約制)
FILE京都 TEL:075-722-7524
水曜休(予約制)
http://file-g.com

三 上 邸

キッチンの扉を替えただけで空間の質がここまで変わった

キッチンの扉材は、床や壁と同様に部屋の空気感を決める重要な要素。オープンキッチンであれば、色、素材、塗装がツヤかマットかなど、リビングとの相性も気になります。ただゼロから誂えるオーダーキッチンは、コストも覚悟が必要です。「コンロやシンク、そしてその配置は、国産のシステムキッチンで希望に沿うものがありました。ただ扉だけが見つからなくて……」。そんな悩みへの答えが、扉だけの交換。リーズナブルな扉材のシステムキッチンを設置し、以前造作家具を依頼した「FILE」でつくった木に塗装の扉に交換。既製品にないハーフマットの塗装仕上げは家具のような表情。今後塗り替えもできる点にも安心感があるといいます。

リビング側の腰壁も
同じ塗装仕上げのパネルを

キッチン、キャビネット、
腰壁の仕上げを揃えることで
空間が繋がり、心地よい奥行き感が。
上品な印象は、オーダーならでは。

バックキャビネットはオーダーで制作

I型の255cmのキッチンはタカラ。扉の交換は
約40万円(取付費別途)。バックキャビネットは100万円。
今新築マンションのキッチン扉の80%はシート貼り。
表面が劣化した際にも扉だけ交換はお勧め。

Tomoko Mikami

お母さまと長年暮らしている
マンションのLDを心機一転の
気持ちも込めてリフォーム。
ご自身は、お父さまから受け継いだ
会社を経営し多忙な日々を過ごす。

Before

新しくてきれいでしたが
部屋としての
統一感が欲しかった

扉のみ取り外して交換を。
一般的にキッチン扉の種類は
リーズナブルなシート貼り、
メラミン材、ホーロー、そして
木材を薄くスライスした
突板に塗装仕上げなどがあり、
それぞれ価格が大きく異なります。

同じデザインで色違いの造作家具で
リビングとの調和を

リビングの造作家具はグレーのマットな
塗装仕上げで落ち着いた雰囲気に。

才色兼備のワークトップ素材

シーザーストーン・サイルストーン

美しさが変わらない
透明感ある
新しいクォーツ系

ワークトップはサイルストーンの「パールジャスミン」。サイルストーンはスペイン発のクォーツストーン。
（コセンティーノ）

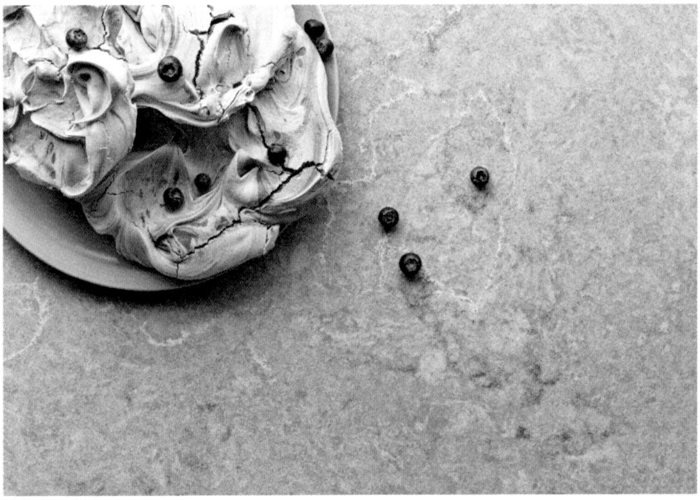

「ビアンコドリフト」という名の通り、白とグレーがたゆたうエレガントな表情。シーザーストーンはイスラエル発のクォーツストーンのパイオニア。（コンフォート）

日々触れるキッチンや洗面化粧台のワークトップですが、より洗練された表情とタフな耐性をもったクォーツストーンや、セラミックストーンが定番化しています。

天然鉱物のクォーツ（水晶）を粉状にし、濃淡さまざまに色づけをした後にブレンドすることで、天然石より透明感があり、一歩進んだ洗練を実現したクォーツストーン。

また磁器、ガラス、クォーツなど20種類以上の高機能素材からなるセラミックストーンは、今までにないマットな質感とインダストリアルなルックス。双方その成り立ちから、キズや摩耗に対しての耐性が高く、加えてほぼ無孔のため吸水率が低く、水滲みなどでの変色の心配がほとんどありません。美しさの変わらない新素材です。

透明感のある白を探しているのなら、シーザーストーン「フロスティカリーナ」。クォーツはモース硬度7という最も硬い鉱物の一つ。ダイヤモンドの硬度10には及びませんが、御影石6、大理石3と比べてキズや摩耗に対して耐性が高い。ほぼ無孔で衛生面でも安心なので、パンづくりも直接カウンターで。(コンフォート)

ワークトップだけでなく
壁面とのトータルな
コーディネートも

(左)クラシカルなスタイルにもマッチする「ムーアランドフォグ」。(右)力強くダイナミックな石目で、大理石のスケール感をみごとに表現したドラマチックな表情のハイエンドコレクション「エクスカヴァ」。ともにシーザーストーン(コンフォート)

デクトン

包丁もそのまま使える 独特なマットな質感も人気

H邸(P.47)の洗面化粧台のカウンターは、寡黙な表情が人気の「シリウス」。「水分などの付着、染み込みのない素材で、お手入れはとてもラクです」。

20種類以上の高機能素材による新素材のデクトン。焼結技術と独自のプレス技術で、電子顕微鏡でも細かな孔をほとんど見ることがないため、キズに対して類のない強さをもち、まな板なしで包丁を使えるものも多い。また耐熱性にも優れ高温の調理器具をじかに置けるタフな素材です。左は「ケリヤ」(コセンティーノ)

セメントやコンクリートのようなマットな質感もデクトンの大きな特徴。板厚は4㎜、8㎜、12㎜、20㎜、30㎜の5タイプ。カウンターだけではなく、扉材など使用範囲は広い。

（上）揺るがない耐久性のあるステンレス。厚みと仕上げにより表情には大きな差があります。ヘアライン仕上げ（右）に加え人気なのが、キズが目立ちにくいバイブレーション仕上げ（左）。
(TOYOURA showroom TOKYO)
（右）量感あるステンレスと大谷石の壁が響きあう平松邸(P.12)のキッチン。

ステンレス

上質でニュアンスある表情のものは不動の人気です

人工大理石という選択肢

アクリル樹脂やポリエステル樹脂を主成分とした人工素材。キッチン・洗面カウンターとして最もポピュラーな素材。継目の見えないシームレス接着ができるため、搬入経路が限られ大判のカウンター材を持ち込めない住宅にも多く使われる。

TIP 06 ミニシンクという小さな新習慣

寝室のそばに
洗面キャビネットという選択

キャビネットとミニシンクがセットに。キャビネット幅は85cm、120cm、165cmの3タイプ。奥行きは50cm。165cmはダブルボウルも可能。アサンブラージュ¥275,000〜（平田タイル）

ワークデスクの傍らに

デスクに馴染むミニシンク。区切りをつけにくいリモートワークで、手を洗うという気分転換もありだと思います。シュイコンフォート・プティート27.7cm角¥49,500（平田タイル）

カウンター付き。玄関や廊下の一角に

25cm角のシンク、セラミックカウンター、フレームとタオルバーがセットのミニマルチ プロ。幅40×奥行29cm
水栓等含め¥302,500（平田タイル）

ミニシンク本体の設置に加え配管工事が必要になります。
表示価格に工事代は含まれません。

手を洗う、という当たり前のことがより大切になり、
洗面所とは別に手洗いスペースがほしいという方がふえています。
ミニシンクの新しいシーンとアイテムをご紹介。

シンプルなボウルに アクセントになる水栓が 今の気分

グレージュの微妙な色合いのミニシンク。ゴールド色の単水栓、マットなタイルとの合わせがオシャレ。左ページワークスペースの洗面ボウルの色違い。シュイコンフォート プティート専用単水栓¥49,500 タイル Hi-Ceramics/Balance¥16,280／㎡
（すべて平田タイル）

穏やかなフォルムとエレガントなたたずまい。手を洗う仕草もととのうミニシンクLUV。世界的な評価も高いデンマークの女性デザイナー セシリエ・マンツのデザイン。サンド、グレーの色違いも。42×27㎝ ¥110,000～
（セラトレーディング）

建築デザイン界のレジェンド アルネ・ヤコブセン。彼がデザインしたVOLAのエクスクルーシブカラー。ゴールド、カッパー、ブラッククロム。各¥71,000
（すべてセラトレーディング）

対談｜5Rounds　プロフェッショナルは知っている！

水周りのストレスが
限りなくゼロに近くになる最新機器選び

キッチンやランドリーの使い勝手に不満をもったとき、いきなり量販店へ飛び込むのではなく、
次にどこをめざしたいか、というマインドセットが大切になります。
生活の質を確実に上げてくれるグッドデザインの最新機器を、水周りの機能とスタイルを追求する
FILE代表・石川敬子と著者・加藤登紀子が5つのテーマで探ります。

Round 1　シンクと食器洗い機

石川敬子さん
FILE代表。
今年は開業30年を迎える。
忙しい現代の大人たちが
快適で美しい暮らしを
送るための提案に定評がある。

加藤　コロナ禍を経て生活が変化し、家事を後押しする工夫はますます求められています。人気のタッチレス水栓の他、推しのアイテムはありますか。

石川　ダブルシンクですね。小さいシンクは野菜などを洗うボウル代わりに、また専用ワイヤーを置けば水切りカゴにと多様な使い方ができます。

加藤　カウンターもちらかりにくくなりますね。ソープディスペンサーをビルトインするのも良いですね。私は二人暮らしなので食器は手洗い派ですが、FILEは食洗機推進派ですね。

石川　ただし大容量に限ってです。小型では調理器具が入りきらず、詰め込めば汚れが落ちきらず、結局は使わなくなってしまう。我が家は「ASKO」の食洗機で朝昼晩、1日分の食器と鍋などをまとめて洗います。

加藤　鍋類は少し多めにお持ちなんですね。作家物の器は？

石川　基本手洗いです。食洗機用の洗剤には研磨剤が入っているため、表面の状態が変わる可能性がありますから。

フレキシブルに使える
ダブルシンク

1日に数回使うものは
サッと洗って水切りを
マグカップやグラスなど、日に何度も使うものは、大きなシンクでサッと手洗いした後この専用水切りカゴ（取り外し可能）へ。

野菜を洗うボウル代わりに
小さいシンク（有効寸法：30×40×高さ17㎝）は野菜を洗うにもちょうどいい。漬け置きもここで。

氷を入れてパーティーシンクに
こんな楽しい使い方も。鍋ごと冷やすにも便利。「KOHLER」ダブルシンク（約83×56×高さ19㎝）。ホーローの他、新素材のネオロック製も。

食器洗い機
少人数でも
大型を推す理由

大きな鍋やボウルを
洗えるのが
最大のメリット

・1回で入る器、カトラリー、鍋。
・「ASKO」のビルトイン食洗機。お勧めはプレミアムモデルのDFI675。入れやすさと容量が違う。

ただ釉薬がしっかりかかったものに限っては食洗機で洗ってしまいます。

加藤　時間や水量はどの程度ですか。

石川　約２時間半と長めですが、水量はすすぎまで入れて約10ℓ。水をかけ汚れをふやかしてから洗う。機器の中でつけ置き洗いを実現しているので、カレーを作った鍋でも予洗いなしできれいになります。洗剤はタブレット２個ほどと極めて少ないですし、フィルターの自動洗浄機能がついているので庫内はいつもきれいです。

加藤　2021年は海外ブランドの大容量食洗機が世界的に欠品するほどと聞きます。オーブンも人気ですが、設置場所がコンロ下だとちょっと……。

石川　国産のビルトインオーブンはコンロとセット。同じメーカーで接続する仕組みです。対して海外製品の多くは単体で排気ができるので、好きな場所にビルトインできます。コンロ下で使用が面倒になり、オーブンが物入れになるのは残念なので、できるだけアイレベルで設置するようにしています。

加藤登紀子

洗剤もすっきり
ビルトイン

洗剤ボトルの周りの汚れに悩まない。手洗いも兼ねた優しい食器用洗剤を入れる。また手洗い用と食器用の2つをセットする方も。

オーブンの位置は
アイレベル

優れた機器でも
場所を間違っては……

使いこなせば大きな味方になるオーブン。しゃがむ必要があると使用頻度が落ちるので、ぜひアイレベルに。

デッドスペースになりがちな
コーナーの使い方

(左)L型コーナーの収納物をフルで引き出せるスライドラック。これを見て念願のL型プランにする方も多い。(右)コンロ下にはハーフェレのスライドラック。出し入れのストレスから解放される。

ごみを捨てるまでを「収納」と考える

ゴミ箱は「Hailo」の40ℓを2つ。1つには燃えるごみ、もう1つには瓶、缶、ペットボトルを入れて中で仕分け。

Round 2

料理開始からごみ捨てまで流れるように作業できる収納は

加藤　充分に考えられた収納はモノの出し入れがラクで、動きやすく、ちらかりにくい。またモノを管理できるのでオーバーストックがなくなります。ただマンションなどは、最大公約数でプランしたキッチンは少なくない。

石川　量産型のキッチンでは、引き出しを大きくし、数を少なくすることでコストを抑える傾向があります。

加藤　L型のコーナーに至っては諦めている方も少なくないですね。

石川　入り口が狭くて奥がすごく広いというパターンをよく見ます。モノを突めこまざるをえない造りです。

加藤　ただL型や凹型のプランは、動きやすいですし短辺にコンロを設置すれば調理中でもリビング側の様子がわかるなどのメリットがあると伺いました。巷にはコーナー扉と連動したフルスライドのワイヤーラックもありますが、FILE推しのラックは相当堅牢な作りですね。

石川　国産メーカーが一つずつ作っています。重いものを置いてもまったく問題がなく、安定感があり壊れる心配がありません。

加藤　金物は使い勝手の面で重要。コンロ下にも採用されていますね。

石川　コンロ下の多くは深型の引き出しですが、鍋を重ねなくてはならず、

すべてものを使い切るために「棚板多め」「奥行浅め」

カウンターは幅よりも奥行きを重視

幅は気にしても奥行きを見過ごすことがある。対面は90cmあれば調理に加え盛り付けなどで両面から使いやすい。

・棚板が少ないと平皿など重ねすぎて、下のものを手に取らないことにも。棚板は多めが正解。
・調味料の小さな瓶やボトルなどのストック品が行方不明にならないように、奥行き15cm前後の浅い棚を。

出し入れがしづらい。このスタイルだとスムーズですよ。

加藤　これらは今お使いのキッチンに後付けすることは可能ですか。

石川　金物のサイズが決まっており残念ながら難しいです。私どものオーダーキッチンでは定番にしています。

加藤　次はごみ箱ですがFILEのプランは、ほぼビルトインですね。

石川　置き型だと、扉の前など何かしらにかかってしまい邪魔になるので。

加藤　お子さんやペットのいるご家庭にも安心ですね。ディスポーザーがない場合の匂い対策はありますか。

石川　皆さんそれぞれ工夫されていますが、気になる方には引き出しの内側に防臭用の墨の塗料を塗っています。

加藤　次はサイズ的なことに触れたいのですが、調理台の奥行きが足りていないお宅が多いそうですね。

石川　I型の場合60～65cmが多いですが、モノを置くスペースを考えてFILEは70cmをお勧めしています。この5cm、10cmの差は大きいです。対面のアイランドは90cm～1m10cmが適正サイズです。

加藤　収納も含めて、幅は気にしても、奥行きへの目配りが充分でない、ということがないように気をつけたいものですね。

Round 3

コンロでできることが広がっている 知らないともったいない！

加藤　手軽なリフォームとして、グリル付きコンロの交換があります。パソコンのように数年に一度は買い替えた方がよい、ということはありますか。

石川　数年に一度の必要はありませんが、国産のグリルが一気に充実したタイミングがありました。それまでは、片面焼きが両面焼きになった、加熱の際に水を入れなくてよくなったという程度の変化でしたが、2018年頃を境に驚くほど多機能になりました。

加藤　そのなかでも優れている機種はありますか。

石川　筆頭はプログレです。冷凍の鶏もも肉など入れると、そのまま解凍して焼き上げる解凍焼き上げはとても便利です。またパンの発酵から焼き上げをオートでできる発酵焼き上げ、燻製、低温調理など、今までにはない機能を備えています。

加藤　それは大型オーブンをもたない方にも朗報ですね。

石川　キャセロールに入れれば炊飯と温めもできる。電子レンジが必要ないかもしれません。

加藤　今回の取材では「プラス・ドゥ」のコンロも多く見受けました。本格的な鋳物の五徳で、オシャレですね。

Noritz

プラス・ドゥ

本格的な鋳物の五徳は
鍋の移動も楽に

天板とフェイスパネルはステンレス。五徳は鋳物と厳選素材によるグッドデザイン。コンロの操作ツマミは天板の上に配置し、視認性や操作性をアップ。家庭用コンロでは最大の4,510㎉/hの強火が使える（左バーナーは13Aのみ）。
ビルトインコンロ プラス・ドゥ　W75㎝¥302,500（ノーリツ）

Gaggenau

ガゲナウ

ミニマムで洗練された
バーベキューグリルやIHコンロ

バーベキューグリル（右端）、IHクッキングヒーター、ガスバーナーをセットに。バーベキューグリル（VR 230 434 ¥330,000）のヒーター下には溶岩石が敷き詰められ、落ちた油を吸収し蒸発させて、ほぼ臭いも発生しない。

Noritz

プログレ

多彩な調理ができるマルチグリル
オーブンをもたない選択も

焼網をなくし、専用プレートパンやキャセロールを使い、上火バーナーと温度センサー付き下火バーナーで加熱。焼く、ノンフライ、温めは浅型の専用プレートパン。煮る、蒸す、パン作りは深型の専用キャセロールを使用。ビルトインコンロプログレ　W75㎝¥339,900 W60㎝¥334,400（ノーリツ）

石川　ええ。五徳が繋がっているので、調理中に鍋をずらすのがラクです。土鍋やストウブの鍋をドーンと置いても安定感がある。ステンレスの天板は掃除がしやすいですし、また15年以上のロングセラーなので、五徳や小さなスイッチ一つまで交換ができるのも信頼に繋がっています。

加藤　他には遊び心のあるガゲナウのバーベキューグリルも人気ですね。溶岩石の遠赤外線効果で、炭火で焼いたように食材をふっくら焼き上げる。キッチンに立つのが楽しくなりそう。こだわりのオープンキッチンで、海外ブランドのコンロの採用もありますか。

石川　ハイカロリーで4口のものなどは珍しくて好まれる方もいます。

加藤　なるほど。あと選ぶのに悩むのが換気扇です。掃除がしやすいことは外せませんね。

石川　ジリオはデザインが人気ですが、上部がアールで拭きやすく、整流板も小さいので洗いやすい。フェデリカはフィルターレスでフィンもワンタッチ着脱＋ハイパークリーン塗装なので、手入れのラクさでは一番です。どちらも国産ブランドです。

Asko

アスコ

北欧ブランドらしいお洒落さと
ハイカロリーバーナーが魅力

レストランのオープンキッチンのようなグッドデザインのガスコンロ。幅794mmと日本のキッチンに適したサイズで、超火力、大・中・小のバーナーがバランスよく揃い、とろ火の料理から、炒めものや大量の湯沸かしまで幅広く対応します。¥473,000（ツナシマ商事）

Ariafina

フェデリカ、ジリオ

レンジフードの概念をチェンジする
美しさと手入れのしやすさ

イタリアンデザインと日本のクラフトマンシップの融合。（左）色、仕上げは15パターンのフェデリカ。 ¥258,500 （右）ジリオ¥220,000　ともにダクトカバー別売り。（ともにアリアフィーナ）

バキュームドロワー

真空機能のマルチプレイヤー

調理の手助けと素材の保管の両方を叶える。専用袋にサーモンとマリネ液を入れてボタンを押して真空にすると、数分で味の浸み込んだマリネが完成。水菜とサラダ仕立てに。
¥495,000～(ASKO／ツナシマ商事)

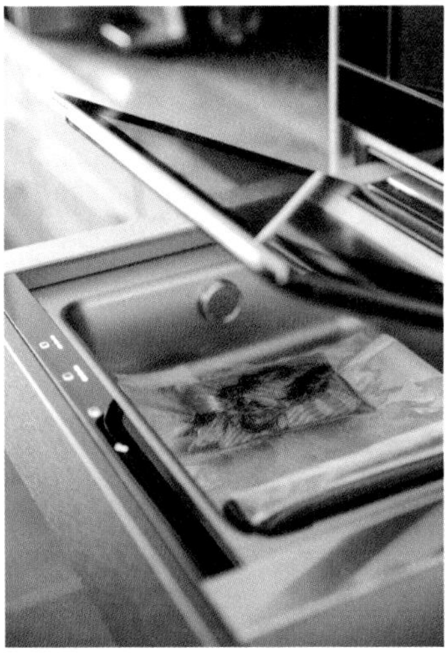

ワインサーバー

AIがエチケットを読み取り最適保存を

庫内にボトルを入れれると、AIがエチケットを読み取り適温で保存をしてくれる。コルクを抜かずに特殊なニードルでワインを抽出し、その後はアルゴンガスを投入して徹底的に酸化を防ぎます。写真上部がボトル2本が入るワインサーバー。下部がワインセラー。参考商品(ASKO／ツナシマ商事)

Round 4 超時短！ 最新スペックの輸入家電

加藤　FILE京都のショールーム(P.108参照)には、厳選した最新機器が揃っていますね。実際の調理プロセスを見せてもらって初めて、性能が理解できた気がします。

石川　自分で使ってみて、お勧めできるものばかりです。時間はかけられないけれど、美味しいものしか食べたくない（笑）というお客さまに好評です。

加藤　この引き出しがバキュームドロワーですね。真空パック用の単品家電はありますが、ビルトインは使いやすく、使用頻度がふえそうですね。

石川　ええ。固形物だけでなく、シチューなどの液体も真空にして保存できる。また瞬時に下味をつけられるので、保存と時短調理への貢献度は高い。瓶詰めやチーズ、肉や野菜の保存など、結構なマルチプレイヤーです。

加藤　そして、スチームオーブン。バキュームドロワーとセットで、レストラン級の料理も楽しめるそうですね。

石川　ええ、今日は真空で鴨に下味を浸みこませてから、今話題の低温調理でしっとり柔らかく仕上げました。この二つの機器を使いこなすと、鍋など調理器具を使って洗ってという手間もなくなります。

加藤　周知されていないけれど便利でデイリーな使い方はありますか。

スチームオーブン

1台3役。手間いらずで美味しい料理を

電気オーブン、スチーマー、スチームオーブン機能をもち、蒸す、煮る、炊く、焼くとマルチに使える。近年話題の低温真空調理モードも完備。・鴨を低温でじっくり加熱。・海老芋など京野菜のグリル。素材の美味しさを引き出す。¥605,000～（ASKO／ツナシマ商事）

IHクッキングヒーター

シェフズテーブルに最適なハンサム顔

ヒーター部分のガラスが、光沢のないマットな仕上げなのが特徴。LDから見ても違和感がなく、上質なインテリアにもしっくり馴染みます。低温調理した鴨に、香ばしく焼き目をつけて仕上げます。盛り付けには芽ネギを添えて。参考商品（ASKO／ツナシマ商事）

石川　コンビスチームではご飯も美味しく炊けます。またスチーム100℃で瓶の煮沸をするのにも便利ですね。

加藤　電子レンジ機能がほしいという方には、どう対応していますか。

石川　よくよくお話を聞くと、ほとんどの方が冷凍ご飯かお弁当の温めに使うとおっしゃるので、ご飯はバキュームドロワーで真空にしてから冷凍ではなく冷蔵保存して、スチームで温めて下さい。少し時間はかかりますが、美味しくいただけます、とスチームオーブンで対応できることを一通りお伝えします。すると電子レンジをやめられる方が多いですね。

加藤　なるほど。この中で驚いたのはワインサーバーです。AI搭載の家電もここまできたかと。このIoTマシンはどんなシーンで喜ばれていますか。

石川　パーティーではなく、一人か夫婦の家飲みです。一例ですが、年を重ねると、余裕ができて舌も肥える。いいワインを楽しみたいけれど、酒量は落ちている。ただそれを理由にワインを開けなくなってはつまらない、という方に最適だと思っています。

加藤　説得力のあるストーリーです（笑）。量の設定もできるので、1日グラス一杯90ccとセットすれば、適量を楽しむ習慣づけにもなりますね。

大人の衣類を安心して託せる

衣類に適した温水と回転数で汚れを落とす。乾燥機も程よい生乾きで終わるアイロンドライなど複数の設定が。洗濯機はショックアブソーバーという4本足でドラムを支えているため、脱水時の高速回転の揺れの吸収性が高いのも特徴。(スライド棚はイメージ)

Round 5 高級輸入ランドリー機器がくれる贅沢とは

“優秀な家電を使うと我慢していたことに気づくはず”

加藤　国産品ではなく輸入ランドリーをもつ価値は何か……改めて取材をすると、国柄を含めた違いが見えてきます。国産品はマスに向けたモノづくりで、価格と沢山洗えることに価値をおく傾向がある。対して欧米の高級ランドリーは女性目線でよりセンシティブに設計されている。頷きながら、少しショックでした。

石川　ええ、我が家はスウェーデン「ASKO」の洗濯機と乾燥機を6年間愛用していますが、信頼度は高いですね。

加藤　大きな違いとして国産は汚れを洗剤で落とす、対して欧米はアクションと温度で落とすといいますね。皮脂は水よりも湯で落ちるという点では理に適っています。

石川　庫内ヒーターがプログラムに沿って20℃から90℃まで温度設定をします。日頃60℃で洗うことが多いですが、デリケートな衣類は20℃、デリケートだけれど汚れているものは40℃、タオルは高温と使い分けます。週に一度ドラム清掃プログラムを行い、カビ防止の殺菌ができるのも大きな安心材料です。

加藤　プログラムは木綿、合成繊維、ウール、濃色の衣類、デリケート……など細分化されていて、それぞれ試したくなります。湯洗いに憧れている方

デザインの美しさも大きな魅力。操作表示のボタンやロゴにも、分かりやすさと美しさが行き届いている。スウェーデンの家電はリサイクル率は約95%とも言われる。

“メイドさんを
頼むつもりで
家電を買い
替えようかしら”

は多いですが、ランニングコストは？

石川　本洗いのみお湯で、あとは水洗いなので、さほど気になりません。水量は一般的な国産品の約半分です。

加藤　また、洗濯機と乾燥機は別々も鉄則ですね。洗濯乾燥機は狭い庫内で衣類を乾燥するのでどうしてもシワになる。対して優秀な乾燥機の隠れた仕事はシワをとることだとか。

石川　ええ、この乾燥機は一般的な乾燥機と構造が違って乾燥中に反転しない。負荷をかけずに一方向に回転するので、確かにシワになりにくいですね。

加藤　本当に使いこなせれば、クリーニング店に行かなくてもすむかも。

石川　そう思います。またランドリー機器はビルトインをお勧めしています。輸入洗濯機は直接排水で洗濯パンがないので、すっきりと収まります。洗面所は、洗濯機の周辺から乱雑になりますから。また上部がカウンターになるので、洗濯ものを畳んだり、アイロンをかけたりと作業台として活用できます。

加藤　埃だまりがなくなり、掃除面のメリットも大きいですね。故障の際のメンテナンスは大丈夫でしょうか。

石川　機器を少し引き出して対応できます。壊れないことにも価値をおいているので、20年近く使い続けている方も少なくありません。

Epilogue

水周りにおじゃまして あらためて感じたこと

前著『心をととのえるインテリア』は、思いのほか
多くの方に手にとっていただきました。

そこで、次は暮らしの根幹を支える水周りを、と。
これほど真剣に手を洗ったことはない、そんな時期からのスタートでした。

How to的なことばかりではなく、
水にちなんだ幾つかのストーリーをお伝えできればと思い、
少し心の部分に片寄ってしまったかもしれません。
けれど今思うのは、水周りという場所を通して
私たちは家族を守り、愛しているということです。
その場所をととのえ、平穏な日常に感謝をして、
過ごしていきたいと思います。

この時期に、こころよくご自宅へ迎え入れて下さった方々のおかげで
ここまでたどりつけました。
前著と同様に力をかしてくださったFILEの石川敬子さん、編集部の加藤ゆかりさん、大きくて温かいお二人との仕事は、ギフトのようなものでした。
フォトグラファー、スタイリスト、櫻井事務所のみなさま、
そしてアシスタントの陽子さん、本当にありがとうございました。
また水周りにたくさんの幸せな記憶をくれる、私のファミリーにも愛と感謝をこめて。

みなさまの暮らしになにか役立つことがあれば、と願って。

加藤登紀子

協力店INDEX

アイザワ　0256-63-2764

アステック 東京ショールーム　03-6435-4726

アペックス　027-370-5678

アリアフィーナ　042-753-5340

ideaco　0120-188-511

エコベール　0120-619-100

大石アンドアソシエイツ　0120-520-227
　http://russelhobbs.jp/

オカ　073-488-0336

ガゲナウ 東京ショールーム　03-5545-3877

カッシーナ・イクスシー青山本店　03-5474-9001

からならの木　03-3465-3667

クライス&カンパニー　03-6418-1077

グレーデ　https://glaede.jp/

コセンティーノ・ジャパン　ask@cosentino.jp

コンフォート 大手町ショールーム　03-6372-6180

sarasa design lab　03-6447-0131

scope　https://www.scope.ne.jp

セラトレーディング　03-3796-6151

SELFULL（hamam）　03-6425-6457

soil　076-247-0346

ツナシマ商事 本社（東京）ショールーム　03-6712-5721、
　大阪ショールーム　072-657-9907

TOYOURA showroom TOKYO　03-6416-3607

日曜社　03-6777-1166

NORITZ コンタクトセンター　0120-911-026

野田琺瑯　03-3640-5511

ババグーリ　03-3820-8825

東青山　03-3400-5525

ビザイン　https://besign.jp/ZACK-40082

平田タイル 東京ショールーム　03-5308-1135

FILE東京　03-5755-5011

FILE京都　075-722-7524

ラブアン カンクリ表参道店　03-6803-8210

LINE & DECOR　03-5790-9685

リビング・モティーフ　03-3587-2784

＊本書に掲載の商品情報は2021年7月のもので、予告なく終売・仕様
　変更となる可能性があります。ご了承ください。

＊断り書きがない場合、商品の価格は消費税込みとなります。

加藤登紀子　Tokiko Kato

東京生まれ。日本女子大卒業。
フリーのエディター、ライター。
「住む人を幸せにするインテリア」をライフワークとし、
国内外の1,000軒以上の家を取材。幅広いネットワークをもち、
ライフスタイルに関わる企画も多数手がける。
また「デザインオフィス シュエット」を主宰し、
住宅・商業施設のインテリアデザインも行う。
著書に、雑誌『HERS』の連載をまとめた
『大人の幸せなインテリア』、
『心をととのえるインテリア』(ともに光文社)がある。
Instagram: @tokiko.maison

デザイン
櫻井 久、鈴木香代子 (櫻井事務所)

撮影 (インテリア・50音順)
尾嶝 太〈P50左上(オープン棚)〉
金子美由紀 (Nacasa & Partners Inc.)
〈植松邸・石川純子邸・チェコッティ邸・三上邸・佳水園・
キッチンキャビネット・ジャパンディ・対談〉
白石和弘〈平松邸〉
ひより〈P95浴室・P97洗面〉
松永 学〈エルクビー邸・カミラ邸(PROFILE)〉
吉澤健太〈藤田邸・菊池邸・K邸・H邸・石川邸・山中邸〉
川上輝明 (bean)〈静物〉

静物スタイリング
岩崎牧子

DTP
山本秀一、山本深雪 (G-clef)

フードコーディネーター
山本香苗

編集アシスタント
山田陽子

心《こころ》をととのえる水《みず》周《まわ》りのインテリア

キッチン・洗《せん》面《めん》・バスルーム

KITCHEN AND BATHROOM FOR MINDFULNESS

2021年8月30日　初版第1刷発行

著者　加《か》藤《とう》登《と》紀《き》子《こ》

発行者　田邉浩司

発行所　株式会社　光文社

〒112-8011　東京都文京区音羽1-16-6

電話　編集部 03-5395-8172

書籍販売部 03-5395-8116

業務部 03-5395-8125

メール　non@kobunsha.com

落丁本・乱丁本は業務部へご連絡くだされば、お取り替えいたします。

組版　萩原印刷

印刷所　萩原印刷

製本　ナショナル製本

ISBN 978-4-334-95258-7